Entrepreneurial Theory and Simulation Training Course

创业理论与模拟实训教程

郭凯 杨玫 马骏 编著

电子工业出版社
Publishing House of Electronics Industry
北京·BEIJING

内 容 简 介

本教材在综合梳理相关创业理论的基础上，从创业的概念、类型、过程等基础理论出发，讲解创业计划书的撰写，并对创业实施的具体准备情况进行分析和阐述，从企业发展战略规划、企业组织架构、企业财务管理、企业市场营销、企业生产管理、企业人力资源管理和决策与数据分析章节详细阐述创业公司的管理工作，加深创业者对整个创业理论和创业公司管理的认识和理解。

在基本掌握创业理论和创业公司管理的基础上，通过"创业之星"这一模拟创业全过程的实践训练平台进行模拟创业。学生在该平台下通过三维仿真场景全面模拟真实企业的创业运营管理过程，帮助学生掌握真实企业创业过程中可能遇到的各种情况与经营决策，并对出现的问题和运营结果进行分析与评估，从而对创业有更真实的体验与更深刻的理解，帮助学生提升创业意识，掌握创业技能，增强择业就业的能力。

未经许可，不得以任何方式复制或抄袭本书之部分或全部内容。

版权所有，侵权必究。

图书在版编目（CIP）数据

创业理论与模拟实训教程 / 郭凯，杨玫，马骏编著. —北京：电子工业出版社，2019.6
（华信经管创新系列）
ISBN 978-7-121-35242-3

Ⅰ.①创… Ⅱ.①郭… ②杨… ③马… Ⅲ.①创业－高等学校－教材 Ⅳ.①F241.4

中国版本图书馆 CIP 数据核字（2018）第 239623 号

责任编辑：石会敏　　特约编辑：侯学明
印　　刷：三河市华成印务有限公司
装　　订：三河市华成印务有限公司
出版发行：电子工业出版社
　　　　　北京市海淀区万寿路 173 信箱　邮编：100036
开　　本：787×1 092　1/16　印张：8.5　字数：183 千字
版　　次：2019 年 6 月第 1 版
印　　次：2019 年 6 月第 1 次印刷
定　　价：35.00 元

凡所购买电子工业出版社图书有缺损问题，请向购买书店调换。若书店售缺，请与本社发行部联系，联系及邮购电话：（010）88254888，88258888。

质量投诉请发邮件至 zlts@phei.com.cn，盗版侵权举报请发邮件至 dbqq@phei.com.cn。

本书咨询联系方式：（010）88254537。

前　言

从我国国情看，每年有几百万大学毕业生，大学生的就业压力非常大。我国各级政府相继出台了一些优惠政策，鼓励和支持大学生自主创业，以创业带动就业。

从教育本身看，创业教育的本质是素质教育，创业教育不仅仅是为了让学生创办企业或自主创业，创业伴随着人的一生，创业的触角遍及生活的每一个角落。创办企业是创业，自谋职业是创业，而在已有岗位上的创业更具有普遍性。因此，我国政府倡导的创业是广义上的创业。"创业课程要突出创业意识、创业常识、创业指导、创业心理和创业技能，培养强烈的创业欲望和创业精神"。创业者的素质不是天生的，而是在后天的环境中逐步形成的。高等院校必须顺应创业热潮，构建行之有效的创业教育体系。其中创业教育课程学习是提升大学生创业素质的重要环节。大学生创业教育是培养学生的创业意识、创业素质、创业精神、创业技能的活动。作为当代大学生，无论将来是否去创业，接受创业教育都会更好地促进其职业生涯的发展。

如何才能使大学生更好地了解创业、学习创业、开展创业？仅仅凭借课堂上所学的知识显然不够。创业是一种实践，只有在实践中才能更好地体验创业的过程，感受创业的艰辛，防范创业的风险，提升创业的技能。

本教材在这种大环境和理论及实践缺乏密切联系的基础上推出了一套全面的创业理论和创业模拟实践的解决方案。通过三维仿真场景全面模拟真实企业的创业运营管理过程，完成整个创业过程的理论学习和公司实践。其中"理论概述"是为了让学生全面掌握创业相关理论，了解创业过程；"技能实训"是为了让学生将所学知识运用于实际操作，培养学生的动手能力。本教材既可作为对普通本科和高职高专学生进行创业教育的首选教材，也可作为广大社会待岗人员进行创业的参考读物。

在编写过程中，郭凯老师主要负责第1、2、4、5、7章的撰写工作，杨玫老师主要负责第6、8章的撰写工作，马骏老师主要负责第3、9、10章的撰写工作。

尽管我们在本教材的内容编写和特色把握方面做了大量的探索和尝试，但是限于时间和水平，书中难免存在不足甚至错误之处，敬请广大读者提出改进意见，以便我们在修订时完善。

目 录

第1章 创业理论概论 ··· 1
1.1 创业的概念 ··· 1
1.1.1 创业的内涵 ·· 1
1.1.2 创业的特征 ·· 3
1.2 创业的类型 ··· 3
1.2.1 依据创业原动力划分 ··· 3
1.2.2 依据创业组织形态划分 ······································ 4
1.2.3 依据创业发源划分 ··· 5
1.3 创业的过程 ··· 5
1.3.1 创业的要素 ·· 5
1.3.2 创业的流程 ·· 6

第2章 创业计划书的撰写 ··· 12
2.1 撰写的准备工作 ·· 12
2.1.1 商业创意的形成与初筛 ······································ 12
2.1.2 可行性分析 ·· 14
2.1.3 创业计划书的格式 ··· 14
2.2 创业计划书的内容 ··· 15
2.2.1 企业介绍和描述 ··· 15
2.2.2 产业和市场分析 ··· 15
2.2.3 营销策略和计划 ··· 16
2.2.4 管理团队和公司结构 ··· 16
2.2.5 指定融资计划 ·· 17
2.3 认识"创业之星" ··· 17
2.3.1 启动"创业之星"学生端 ·································· 17
2.3.2 主场景功能分布简介 ··· 22
2.3.3 公司场景功能分布 ··· 23
2.3.4 导航条的操作使用 ··· 23
2.3.5 管理岗位与角色分工 ··· 24
2.3.6 季度管理 ··· 25

第3章 创业实施的准备 ··· 26
3.1 企业注册的相关知识 ··· 26
3.1.1 企业形式的选择 ··· 26
3.1.2 确定企业名称 ·· 27

　　　　3.1.3　设计企业标志 27
　　　　3.1.4　企业登记注册 28
　3.2　在"创业之星"中编辑企业基本信息并购置/租赁厂房 29
　　　　3.2.1　在"创业之星"中编辑企业信息 29
　　　　3.2.2　在"创业之星"中购置/租赁厂房 30

第4章　企业发展战略规划 33

　4.1　企业战略管理的任务 33
　　　　4.1.1　提出企业愿景 33
　　　　4.1.2　建立战略目标体系 33
　　　　4.1.3　制定战略 34
　　　　4.1.4　高效地实施和执行企业战略 34
　　　　4.1.5　业绩评估与战略发展调整 34
　4.2　初创型企业的战略选择 34
　　　　4.2.1　资源导向型战略 35
　　　　4.2.2　产业结构导向型战略 35
　　　　4.2.3　依附型经营战略 35
　　　　4.2.4　在"夹缝"中求发展战略 35
　　　　4.2.5　联合竞争型战略 35
　　　　4.2.6　低成本战略 36
　　　　4.2.7　差异化战略 36
　　　　4.2.8　专一化战略 36
　4.3　制定企业战略规划 36
　　　　4.3.1　企业战略规划的含义 36
　　　　4.3.2　制定企业战略规划的方法和步骤 37

第5章　企业组织架构 38

　5.1　企业类型与特征 38
　　　　5.1.1　企业概述及其特征 38
　　　　5.1.2　企业类型 38
　5.2　企业的组织架构 39
　　　　5.2.1　企业的组织架构形式 39
　　　　5.2.2　初创型企业组织架构设计存在的问题 43
　5.3　企业主要部门及其职责 44
　　　　5.3.1　营销部及其职责 44
　　　　5.3.2　采购部及其职责 45
　　　　5.3.3　制造部及其职责 45
　　　　5.3.4　财务部及其职责 46
　　　　5.3.5　人力资源部及其职责 46
　　　　5.3.6　信息部及其职责 47

5.3.7 技术部及其职责 ································· 47
　5.4 企业的基本运作过程和运作管理目标 ······················· 47
　　　5.4.1 企业的基本运作过程 ································ 47
　　　5.4.2 企业运作管理的目标 ································ 48
　5.5 模拟实训：在"创业之星"中熟悉企业组织架构和运作管理 ······ 49
　　　5.5.1 企业组织架构的分布情况 ····························· 49
　　　5.5.2 企业各部门的情况 ·································· 50

第6章 企业财务管理 ···································· 54
　6.1 财务管理的目标 ·· 54
　　　6.1.1 企业管理的目标 ···································· 54
　　　6.1.2 企业财务管理的目标 ································ 55
　6.2 财务管理的内容 ·· 56
　　　6.2.1 投资决策 ·· 56
　　　6.2.2 筹资决策 ·· 56
　　　6.2.3 股利分配决策 ······································ 57
　6.3 认识三大财务报表 ·· 57
　　　6.3.1 资产负债表 ·· 57
　　　6.3.2 利润表 ·· 59
　　　6.3.3 现金流量表 ·· 60
　　　6.3.4 财务报表的作用 ···································· 62
　6.4 财务分析的含义和财务报表分析的方法 ······················· 63
　　　6.4.1 财务分析的含义 ···································· 63
　　　6.4.2 财务报表分析的方法 ································ 63
　6.5 财务预算管理 ·· 64
　　　6.5.1 全面预算管理 ······································ 65
　　　6.5.2 现金预算的编制 ···································· 66
　6.6 模拟实训：在"创业之星"中进行企业财务管理 ················· 67
　　　6.6.1 银行贷款操作实训 ·································· 67
　　　6.6.2 账款贴现和法律法规查询 ···························· 69

第7章 企业市场营销 ···································· 70
　7.1 市场开发计划 ·· 70
　　　7.1.1 市场开发计划概述 ·································· 70
　　　7.1.2 市场开发计划书的内容 ······························ 70
　7.2 广告宣传计划 ·· 72
　　　7.2.1 广告宣传计划概述 ·································· 72
　　　7.2.2 广告宣传计划内容 ·································· 73
　7.3 产品销售计划 ·· 73
　　　7.3.1 产品销售计划概述和内容 ···························· 73

		7.3.2 产品销售计划制订的原则	73
7.4	模拟实训：在"创业之星"中进行企业市场营销策划		74
	7.4.1	市场部决策和操作	74
	7.4.2	销售部决策和操作	76

第8章 企业生产管理 … 78

8.1	产品研发计划		78
	8.1.1	产品研发计划概述	78
	8.1.2	产品研发计划的内容	78
8.2	物料需求计划		80
	8.2.1	物料需求计划概述	80
	8.2.2	物料需求计划的制订过程	81
8.3	能力需求计划		82
	8.3.1	能力需求计划概述	82
	8.3.2	能力需求计划的制订流程	82
	8.3.3	能力需求计划工作的内容	83
8.4	主生产计划		84
	8.4.1	主生产计划概述	84
	8.4.2	主生产计划的基本功能	84
	8.4.3	主生产计划的基本原理和编制过程	85
8.5	产品生命周期管理		86
	8.5.1	产品生命周期概述	86
	8.5.2	产品生命周期管理的重要性和局限性	86
8.6	模拟实训：在"创业之星"中进行企业生产运作管理		87
	8.6.1	研发部决策和操作	87
	8.6.2	制造部决策和操作	91

第9章 企业人力资源管理 … 98

9.1	企业人力资源管理相关概念		98
	9.1.1	人力资源管理的含义	98
	9.1.2	企业人力资源管理的内容	98
9.2	人力资源管理工作的内容		99
	9.2.1	人力资源管理的目标	99
	9.2.2	人力资源管理工作的特点	99
	9.2.3	人力资源管理的职责	100
	9.2.4	人力资源管理的五个职能	100
	9.2.5	人力资源管理的效率因素	101
	9.2.6	人力资源管理的体系建设	101
	9.2.7	人力资源管理工作的任务分析	102
	9.2.8	人力需求预测方法	102

9.3 模拟实训：在"创业之星"中进行企业人力资源管理 ··············· 103
    9.3.1 员工招聘和签订合同 ············· 103
    9.3.2 员工培训 ············· 107

第10章 决策与数据分析 ············· 110

10.1 研发部门数据查询与分析 ············· 110
    10.1.1 研发部门经营状况 ············· 110
    10.1.2 研发部门分析报告 ············· 111

10.2 市场营销部门数据查询与分析 ············· 111
    10.2.1 市场部经营状况 ············· 111
    10.2.2 市场部市场报告 ············· 113

10.3 销售部门数据查询与分析 ············· 113
    10.3.1 销售部经营状况 ············· 113
    10.3.2 销售部销售报告 ············· 114

10.4 制造部门数据查询与分析 ············· 115
    10.4.1 制造部经营状况 ············· 115
    10.4.2 制造部分析报告 ············· 115

10.5 人力资源部门数据查询与分析 ············· 116
    10.5.1 人力资源部经营状况 ············· 116
    10.5.2 人力资源部分析报告 ············· 117

10.6 财务部门数据查询与分析 ············· 118
    10.6.1 财务部经营状况 ············· 118
    10.6.2 财务部分析报告 ············· 119

10.7 管理报表查询与分析 ············· 120
    10.7.1 现金流量表 ············· 120
    10.7.2 利润表 ············· 121
    10.7.3 资产负债表 ············· 121
    10.7.4 趋势分析 ············· 122

第1章
创业理论概论

从教育本身看，创业教育的本质是素质教育，创业教育不仅仅是为了让学生创办企业或自主创业。创业伴随着人的一生，创业的触角遍及生活的每一个角落。创办企业是创业，自谋职业是创业，而在已有岗位上的创业更具有普遍性。因此，我们倡导的创业是广义上的创业。"创业课程要突出创业意识、创业常识、创业指导、创业心理和创业技能，培养强烈的创业欲望和创业精神"。创业者的素质不是天生的，而是在后天的环境中逐步形成的。高等院校必须顺应创业热潮，构建行之有效的创业教育体系。其中创业教育课程学习是提升大学生创业素质的重要环节。大学生创业教育是培养学生的创业意识、创业素质、创业精神、创业技能的活动。作为当代大学生，无论将来是否去创业，接受创业教育都会更好地促进其职业生涯发展。

1.1 创业的概念

1.1.1 创业的内涵

"什么是创业"或"创业应该是什么"的问题，在中国理论界有不同的说法，在近几年国内出版的有关创业学著作、教材、论文等各种研究成果中，更多的学者把创办企业、捕捉商业机会、创造财富和价值等作为创业学的研究对象和核心内容，比较具有代表性的有以下几种观点。

（1）机会价值说认为，创业是一个发现和捕捉机会并由此创造出新颖的产品或服务，实现其潜在价值的过程。创业是创业者通过发现和识别商业机会，组织各种资源提供产品或服务，以创造价值的过程。该观点抓住了创业的两个核心概念——机会和价值，指出创业活动的主体是创业者，捕捉机会、创造价值等一系列活动由创业者来承担、组织和完成。

（2）财富目的说强调，创业的目的是为了赢得财富，认为创业是指个人或团体依法登记设立企业并以赢利为目的，从事有偿经营的商业活动。创业是指为了创建新企业而进行的以创造价值为目的、以创新方式将各种经济要素综合起来的一种有目的的经济活动，即创建一个新企业。它强调通过依法创业、有偿经营而获得财富的目的。

（3）组织创新说认为，创业也可以是指从零开始创建新企业，包括从一个有问题的企业开始创建出一个重焕生机的企业，即创业也可以在现有组织内部进行。笔者认为已有企业的创业将是以后研究的重点之一。创业的内涵包括开创新业务，创建新组织，利用创新这一工具实现各种资源的重新组合。很明显，这种组织创新的观点把"从零到一"创建一个新组织或"从一到十"重新组织资源进行组织创新、创造价值，都看作是创业概念的重要内涵。

（4）核心要素说认为，创业需要各种资源要素的重新组合，资源是取得创业成功的保证。二要素说认为，创业是指利用包括人力和资本在内的各种资源来创造价值，以产品或服务的形式提供给消费者，同时自身获取利润并取得发展的过程。三要素说认为，创业是以机会为导向，把资源的创造性和人的创造性结合起来创造价值的过程；创业主要就是机会、资源、能力三个核心要素实现耦合、发挥作用的结果。四要素说认为，创业的核心要素是创业者、技术、资本和市场，原因是：创业者的素质与能力是创业成功的第一要素；资本是创业的关键要素；很多创业者凭着一项技术而创造出一番大的事业；创业者更需要坚持创造市场的理念，开拓好市场并管理好市场。

（5）风险管理说认为，创业是企业管理过程中高风险的创新活动，创业研究应该关注风险管理。从创业者和投资者的角度出发，加强风险管理的理论研究，例如，创新与风险、创业风险防范、创业风险管理与危机管理等。认识创业风险和合理规避或化解创业风险，是创业者和创业投资者面临的重要任务，也是创业研究的核心问题。这样，就把创业与风险紧密联系起来，把防范、规避风险作为创业研究不可缺少的重要内容。

根据提蒙斯（Timmons）所著的创业教育领域的经典教科书《创业创造》（New Venture Creation）的定义：创业是一种思考、推理结合运气的行为方式，它被运气带来的机会所驱动，需要在方法上全盘考虑并拥有和谐的领导能力。科尔（Cole）提出：把创业定义为"发起、维持和发展以利润为导向的企业的有目的性的行为"。史蒂文森（Stevenson）、罗伯茨（Roberts）和格罗斯贝克（Grousbeck）提出：创业是一个人——不管是独立的还是在一个组织内部——追踪和捕捉机会的过程，这一过程与当时控制的资源无关。美国学者维罗斯（Reynolds）教授把创业概念延伸到从人们创业意识产生之前到企业成长的全过程。他认为创业应该分为四个阶段：①未成年；②创业行动开始之前；③开始创办企业；④企业成长。未成年就是创业意识萌芽阶段，创业者心里有创业的冲动，只是还没有找到合适的机会。当机会出现后，创业者的创业欲望加强，开始进行各种准备活动，进入了第二个阶段。接着，创业者或独自一人，或组建创业团队，开始进行市场调研，拟定创业方案、融资、注册登记、建厂生产、提高产品或者服务质量。最后，企业进入发展期，进入二次创业阶段。

综合以上观点，我们认为，"创业"是创业者对自己拥有的资源或通过努力对能够拥有的资源进行优化整合，从而创造出更大经济或社会价值的过程。创业是一种劳动方式，是一种需要创业者运营、组织、运用服务、技术、器物作业的思考、推理和判断的行为。创业致力于理解创造新事物（新产品、新市场、新生产过程或原材料、组织现有技术的新方法）的机会如何出现并被特定个体或团队发现或创造，这些个体或团队如何运用各种方法去利用和开发它们，然后产生各种结果。

1.1.2 创业的特征

创业过程与社会管理活动有许多共同点，当然，作为社会活动的特殊形态，创业也具有自身的特征。从本质上看，创业活动是不同于重复性实践或适应性实践的创造性实践。创业活动的实践特征体现在目的上，是商业价值发现和创造的指向；体现在主体上，是创业精神、意识和能力等独特个性的展现；体现在手段上，是新手段选用张力的缓解。创业活动的各个实践特征具有不同的意义，它们既相互联系、相互依存，又相互制约、相互促进。下面具体分析创业活动的特征。

（1）创业，相对于其他的普通社会生产活动，是创造具有"更多价值的"和"新事物的"过程。在创业进程中，多数活动是在现有行业商业机会、技术创新的缝隙中寻找新的突破点的过程。

（2）由于创业活动大多是开创性的，因此创业活动与其他日常企业经营、普通的阶段性社会活动以及科研试验等技术研究活动相比较，没有太多的经验可以借鉴；同时，创业活动是新创一个企业的活动，所以，在此过程中，必然要求创业者投入大量的时间和精力，在整个进程中也需要付出极大的努力。

（3）正如前面第二点所述，创业活动大多是开创性的活动，由于没有成功的实践经验和系统完整的学术理论支撑，因此，在创业活动中，必然存在着各种意想不到的风险，而不仅仅是创业失败的风险。创业者在艰苦的创业进程中，必然要面对财务、团队组织内部、个人、社会及家庭等各个方面的风险。

（4）创业者在创业意念的萌发、创业实施的准备、初创企业的战略规划、创业企业的内部组织管理，以及创业企业的经营决策整个进程中，不仅能够感受到创业的艰辛和不易，也能够在创业前进的路途中找到自我，实现自我的不断升华。对于一个真正的创业者，创业过程充满了激情、艰辛、挫折、忧虑、痛苦和徘徊，需要创业者付出坚持不懈的努力。当然，渐进的成功也将带给创业者无穷的欢乐与分享不尽的幸福。

1.2 创业的类型

随着我国社会经济的全面、快速发展，社会结构和经济形态呈现多元化和复杂化的态势，投身到创业活动的创业者越来越多。根据我国目前的创业形态和创业者的特征，可以将国内的创业形态分为以下几种类型。

1.2.1 依据创业原动力划分

（1）生存型创业。我国四十年来实行的改革开放政策，给社会带来了极大的生机和活力，同时也使社会处于一个快速变革发展的时期。社会和企业在增进活力、提高效率和经济效益、促进社会整体发展的同时，企业效率的提高也造成了产能过剩和产业工人大量冗余。因此在这个特殊时期，产生了许多下岗的企业员工。这些下岗的企业员工离开赖以生存的企业，直接面对社会，迫切需要解决自身的生存问题。在这个时期，我国的创业形态基本以国有企业下岗员工生存型创业为主流。

除了国有企业下岗员工，这一时期生存型创业的队伍中也包括一些失去土地或因为种种原因不愿困守乡村的农民，以及刚刚毕业找不到工作的大学生等。这是当时中国数量最大的创业人群。其中许多人是被逼上梁山，为了谋生混口饭吃。他们的创业范围一般局限于商业贸易，少量从事实业的也基本是小型的加工业。当然也有因为机遇成长为大中型企业的，但数量极少，因为国内经济市场已经不像三十多年前，如刘永好兄弟、鲁冠球、南存辉他们那个创业时代，经济短缺，机遇遍地。如今这个时代，用句俗话来说就是狼多肉少，仅想依靠机遇成就大业，早已是不切实际的幻想了。

（2）主动型创业。与生存型创业对应的创业类型就是主动型创业。进行主动型创业的创业者也可以根据他们在创业开始时的状态分为两种，即盲动型创业者和冷静型创业者。盲动型创业者大多非常自信，做事比较冲动。这种类型的创业者，在开始创业时，基本凭借自身的感觉和冲动，比较容易感情用事，而不太喜欢检讨成功概率，因此盲动型创业者比较容易创业失败。当然，风险与机会是对等的，风险越大，意味着成功后的收益也越大，因此，盲动型创业者一旦成功，往往就是一番大事业。而冷静型创业者在进行创业时，采取的方式和方法，与盲动型创业者大多截然不同。冷静型创业者在创业起始，创业的特点是谋定而后动，不打无准备之仗，或是掌握资源，或是拥有技术，一旦付诸行动，创业成功的概率往往比较高。

1.2.2　依据创业组织形态划分

依据我国目前创业的基本组织形态，可以将创业划分为独立创业、加盟创业、公司内部创业。

（1）独立创业，实际上是指独立的个体或社会团队根据个人或团体的独立意愿去创办新的企业，进行完全独立的创业活动。

（2）加盟创业，即加盟某个连锁型企业，成为既有的某个大型企业的加盟店、加盟工厂等。这通常需要连锁企业总部的授权，且加盟者需要按照连锁企业总部规定的模式实施生产和经营。

（3）公司内部创业，是指企业组织内部的个体或群体通过组织与相关的业务机构进行联合，推动组织业务更新和创新的过程。公司内部创业被认为是企业通过内部创新、合资或收购等形式驱动业务增长和战略更新的主要动力，同时也是促进产品、流程、管理创新和业务多元化以及企业员工把个人的创新构想转化为集体行动的主要动力。因此，公司内部创业对于企业的生存和发展具有极其重要的意义。

1.2.3 依据创业发源划分

依据创业的发源，可将创业分为商机诱发型创业和创意推动型创业。其中，商机诱发型创业是指创业者基于某个商业机会而起步创业的情形；创意推动型创业是指创业者已经有了某种创意，继而基于特定创意，将创意付诸实施的创业情形。创意，通常是指有创造性的想法、构思、发明等。例如，关于产品功能、实物造型、工艺方法、制造流程、实用发明、商业模式等的构想。其特征是新颖、独特，但实施了才有商业价值等。

通过理性的观察，前述三组创业分类具有以下特点。一是三组分类具有交叉性，即商机诱发型创业、创意推动型创业都可能通过独立创业、加盟创业、公司内部创业等组织形态之一来实施。二是对于学术研究和实践而言，根据创业的组织形态分类（独立创业、加盟创业、公司内部创业），有助于我们认识三类组织形态的特点，搞清特定创业活动适于选择哪一种组织形态；根据创业的发源分类，有助于我们认识两类发源下创业的流程及共性的流程要素，从而更有效地推进创业的进程。

1.3 创业的过程

1.3.1 创业的要素

创业是一个发现商机并用实际行动将之转化为具体社会形态获得利益及实现价值的过程。因此，创业者需要全面了解在创业过程中，需要哪些创业的要素。

（1）创业者需要有一个相对清晰的创业项目的基本构思。创业者在创业起步时，就要对将实施的创业项目有一个比较完整、清晰和可行的基本构思。

（2）创业者需要有一个比较完整的商业计划。商业计划是企业未来发展和经营的蓝图。商业计划可以详细具体，如制定好业务发展的期限、做好未来的财务规划、定期开展的活动安排、营销计划、预算、破产计划等。

（3）创业者需要有合适的创业合作伙伴。一些创业者在创业初期，抱着成立和发扬家族企业的梦想成立小企业，并且取得了成功。但是，更多的创业者在创业初期，能够寻找到志同道合的合作伙伴。无论他们是高级主管还是普通员工，为了共同的创业梦想，能够坚持到底的搭档，都是创业的主力军，这是创业取得成功的重要因素。例如，如果你计划开餐馆，那么这并不表示每一个人都能够胜任与之相关的职位，当然也不要求每一个人都具有餐饮业的经验，只要掌握商业知识或者有足够的能力为你在竞争中取得优势即可。

（4）创业团队的组建，需要进行创业团队内部组织建构和股份划分协议的制定。创业企业在创立开始，就需要对创业团队内部的股权等利益进行明确的规定和划分，以协议的形式确立下来。这是创业的重要构成要素之一。观察以往的创业企业，在后期发展过程中会出现各种问题，尤其是未订立任何协议就开始创业的企业更容易出现问题。一家公司的董事会成员、高级主管、员工、客户以及其他与公司相关的人士之间必须签订具有约束力的协议或合同。这些协议应该对创业者之间的关系和利益进行全面的解释，每一项业务必须有一份规定重要事项的运作程序的文件，包括公司财务管理、公司高管的继位、公司管理人员的新增与裁减等。

（5）创业战略的规划。初创企业如果在成立伊始，就对所进入的行业有相对完整的市场调研，对未来发展有明晰的判断，并经过全面的调查分析，制定了切实可行的创业长期战略规划，有详细的战略规划做指引，那么创业企业便能够在后期发展过程中平稳运营。

（6）创业商业模式的设计和规划。商业模式是如何赚钱的逻辑，本质上是若干因素构成的一组商业逻辑关系。商业模式由价值主张、价值创造、价值传递、创业者利润实现四个要素组成，要素之间的不同组合方式形成了不同的商业模式。商业模式是战略生成的基础，战略是创业者在商业模式基础上的行为选择。商业模式设计是创业机会与创意开发环节的重要工作，是一个不断试错、修正和反复的过程。商业模式设计也是分解企业价值链和价值要素的过程，涉及要素的重新组合关系或增加新要素。

创业企业在实现创业项目的过程中，根据外部市场的调研情况，决定采取哪种适合本企业的商业模式，并将该商业模式的思路完善，进而制定详细的规划。当然，开创目前经济社会还没有出现的、新的商业模式也是创新和创业的重要表现。

1.3.2 创业的流程

初创企业创业成功一般都会经历从生存到发展壮大的历程。①在企业起步的生存阶段，以产品和技术来占领市场，只要有想法（点子）会搞关系（销售）就可以。②在创业企业公司化阶段，通过规范管理来增加企业效益，这需要创业者将思维从想法提升到思考的高度，将原先的搞关系转变成一个个渠道的建设，公司的销售依靠渠道来完成，团队也就初步形成了。③到了创业企业集团化阶段，这时依靠的是硬实力（产业化的核心竞争力），整个集团和子公司形成了系统平台，依靠的是一个个团队通过系统平台来完成管理，人治变成了公司治理，销售变成了营销，区域性渠道转变成一个个地区性的网络，从而形成了系统，思维从平面到三维。这时你就可以退休了，创业者就有了现金流系统（赚钱机器），它是24小时为你工作的，这就是许多创业者梦想达到的理想状态。④集团总部阶段，是一种无国界的经营，俗称跨国公司。集团总部的系统平台和各子集团的运营系统形成的是一种体系。集团总部依靠的是一种可跨越行业边界的无边界核心竞争力（软实力）和子集团形成的行业核心竞争力（硬实力），这样将使集团的各个子公司取得它们在单兵作战的情况下所无法取得的业绩水平和速度。思维从三维到多维，这才是企业发展所追求和达到的最高境界。

当然，创业最一般的过程是什么？根据我们对大多数创业企业的创业历程进行总结分析，可以理解为创业过程是创业者从产生创业的想法，到创建新企业或开创新事业部门、平台并获取回报的全过程，其中涉及感知机会、开发创意、组建团队、寻求融资、整合资源等几十项活动。从理论上讲，可将这些活动大致划分为机会识别与创意开发、组建团队与资源整合、创办新企业、新企业生存和成长四个大的阶段性环节。

1. 机会识别与创意开发

为什么是这些人而不是另外的人看到机会？这些看到了机会的创业者有什么独特之处？创业因机会而存在，而机会是具有时间性的有利情况。机会就是未明确的市场需求或未充分使用的资源或能力。机会具有很强的时效性，甚至瞬间即逝，一旦被别人把握住也就不存在了。而机会又总是存在的，一种需求被满足，另一种需求又会产生；一类机会消失了，另一类机会又会产生。大多数机会都不是显而易见的，需要去发现和挖掘。如果显而易见，总会有人开发，有利因素很快就不存在了。

对机会的识别源自创意的产生，而创意是同时具有创业指向性和创新性的想法。在创意没有产生之前，机会的存在与否意义并不大。创业的本质是创新，创意的创新性可以是新的技术和新的解决方案，可以是差异化的解决办法，也可以是更好的措施。另外，创新性还意味着一定程度的领先性。不少创业者在选择创业机会时，关注国家政策优先支持的领域就是在寻找领先性的项目。不具有创新性的想法不仅将来不会吸引投资者和消费者，对创业者本人也不会有激励作用。创新性还可以加大模仿的难度。

创业者对机会的评价来自他们的直观判断，而直观判断通常就是假设加上简单计算。蒙牛集团创始人牛根生在谈到牛奶的市场潜力时说：民以食为天，食以奶为先，而我国人均喝奶的水平只是美国的几十分之一。也许这就是他对乳制品机会价值的直观判断。这样的判断看起来绝对不可信，甚至会觉得有些幼稚，但却是有效的。机会瞬间即逝，如果都要进行周密的市场调查，经常会错失良机。假设加上简单计算只是创业者对机会的初始判断，进一步的创业行动还需依靠调查研究，对机会价值做进一步的评价。此外，商业模式设计也是机会识别和论证工作的一部分，尽管创业者在机会识别阶段难以设计出完整的商业模式。商业模式是产品、服务和信息流的一个体系架构，包括说明各种不同的参与者以及他们的角色、各种参与者的潜在利益，以及企业收入的来源。

因此，当我们进行创业的第一步时，首先要准确地进行机会识别和创意开发，并将前期的机会识别和创意开发的主要内容，按照创业计划书的形式撰写出来。一份完整的创业计划书应该包括新创企业的介绍和描述、计划进入的产业与市场分析、企业营销策略和公司结构、指定的融资计划等，当然不仅限于此。具体的创业计划书撰写，本教材将在后续章节中进行详细的讲解，并配套相应的实训环节。

2. 组建团队与资源整合

组建团队，首先要有明确的团队目标，并使其深入每个员工的内心。目标是一面旗帜、一盏指明灯，它可以带领大家朝着共同的方向去努力、拼搏，直至达到预期的结果。做任何事情如果没有明确的目标，就好比散兵游勇，在茫茫的大海中永远找不到停靠的岸。目标可以是管理目标、生产目标，也可以是安全目标、品质目标、效率目标，只要经过深思熟虑制定出了符合自身发展要求的目标，就必须让每位员工牢记在心，在班前会上进行多次宣传指导，让大家统一思想、达成共识，明确努力的方向。

组建团队，还要做到尊重团队成员。著名团队精神培训专家谭小芳老师认为，尊重员工不仅仅要尊重他们的人格和劳动成果，还要尊重他们提出的一些合理化意见和建议。当员工通过踏实肯干取得成绩时，要激励其再接再厉、继续努力；当员工由于思想麻痹犯了错误时，要诚恳地指出问题的根本原因和今后的努力方向，并希望下次不要有类似的事情发生或希望下次能见到他表现好的一面，而不是一味地加以指责。

组建团队，创业者要学会有效地激励团队成员。一位绩效非常高的团队成员在总结经验时说道，"在过去几年中，我们四人团队都归他领导。在每天工作结束时——无论这一天是多么紧张忙碌或试图完成的工作有多么繁重——他都会走到我们每个人的桌前，说'谢谢你今天的优异表现'"。这样的状况在中国企业很难发生，但这位团队领导者在四年间坚持每一天对他的团队成员说一句激励的话。这就意味着激励非常重要，值得去坚持，也意味着激励非常有效，否则一个管理者不会平白无故地坚持四年。

组建团队，创业者还要学会加强团队内部沟通。一个优秀的企业，强调的是团队的精诚团结，团队成员之间如何沟通是一门大学问。因为成员之间如果沟通不好，往往会产生矛盾，形成内耗，影响企业的正常运转。管理者要相信下属，要鼓励大家发挥智慧和力量为企业献计献策，要为管理者与员工之间、员工与员工之间、管理者与管理者之间的相互沟通和交流，积极创造条件，在团队中形成上下之间、员工之间诚挚沟通、相互信任、相互合作的良好氛围。

组建团队，创业者要在创业进程中，树立团队精神，增强团队的凝聚力。在工作中既要注重个人能力的发挥，又要注重整体配合，使大家意识到个人的失败就是团队的损失。大家时时处处要有大局观念，以团队利益为重，团结协作，共同前进。

组建团队，创业者还要在创业进程中谨防小团体主义。管理者在建立团队意识的同时，还要谨防小团体主义——团队成员和领导者过度紧密，团队就会演变成领导者的个人团队，对整个组织来说，危害非常大。

对于资源整合，创业者在团队成立初期，首先就要明确公司的股权结构。确定公司的股权结构并没有什么公式，虽然在最初看起来这可能会让你尴尬，但是相对于等到资金开始注入后才考虑，一开始就这样做会容易一千倍。确定股权比例，例如，谁做了什么，谁想出的主意，价值是多少，等等。这并没有什么套路，最直接相关的因素是金钱投入，如果你花费了时间（即所谓的人力资产）和精力，这些都可以换算成金钱价值。最初的商业构想是极其难以估值的，有人认为想法本身真正的价值不大，因为它的价值跟你后来的工作相关。就创业初期而言，首先要谈论股权结构，并确定与股权结构相关的文件，及时完成书面协议。一个简单的、清晰的协议应包括定义股权比例、各自投入的资金、各自投入的时间和各自拥有哪些权益等基本内容。

在创业团队基本组建完成后，就需要对企业内外资源进行整合优化。资源整合是指企业对不同来源、不同层次、不同结构、不同内容的资源进行识别与选择、汲取与配置、激活和有机融合，使其具有较强的柔性、条理性、系统性和价值性，并创造出新资源的一个复杂的动态过程。在战略思维的层面上，资源整合是系统论的思维方式，就是要通过组织和协调，把企业内部彼此相关但却彼此分离的职能，把企业外部既参与共同的使命又拥有独立经济利益的合作伙伴整合成一个为客户服务的系统，取得"1+1>2"的效果。在战术选择的层面上，资源整合是优化配置的决策，就是根据企业的发展战略和市场需求对有关的资源进行重新配置，以突显企业的核心竞争力，并寻求资源配置与客户需求的最佳结合点。具体的资源整合与实施，本教材将在后续的章节中具体介绍并提供实训环节。

3. 创办新企业

创办新企业，要进行企业注册、办公场地选择等重要的法律步骤。在企业注册环节中，首先要为新创公司取名核验、撰写公司章程、设计企业标识等。

初创企业的运作，需要参考以下基本流程和步骤。

（1）初创企业在运作过程中，首先要考虑最初的销售预测。人们都不愿意去预测未来的销售，但如果没有这一步，你的企业将不会成功。如果没有销售预测，你怎么能估计为此而支出的费用呢？如果没有销售预测，你怎么能估计自己最初的现金需求？所以，销售预测是启动成本的一部分。很多人认为销售预测是一件非常复杂的、科学化的事，他们不知道该怎么做。不要担心，在现实世界中，销售预测可以进行有根据的推算。你怎么能预测一些全新的事情呢？方法就是将其分解开来。在电子表格上建立12个月的销售模型，估计每个月的销售收入。想想有多少桌子，有多少摊位，有多少小时，每个单位将产生多少收入，将这些单位相乘，你就能得到大致的销售预测。实际过程中的销售预测往往要结合市场调研数据进行定量和定性分析，销售预测是一项非常重要且复杂的工作，预测的准确性对企业的战略选择有着决定性影响。

（2）初创企业在运作过程中，需要进行财务管理。第一步，进行最初的费用预算。和销售预测一样，制定一个电子表格，以柱状图做出每个月初步的费用预算。想想租金、水电费、营销费用和工资。请记住，还包括你付给自己的工资。第二步，估算启动成本。启动成本包括两部分：在没开张以前你将承担的费用，以及你需要拥有的资产。费用包括法律费用、办公地点费用、建立网站费用等。资产包括你打算出售的原材料（库存）等。更难估计的部分是你必须在银行存多少钱，以支持公司通过早期现金流青黄不接的阶段。你必须每个月都关注这件事，比较你的销售收入和费用支出，留心现金的进出。第三步，考虑怎样收回销售款。思考你的客户将采取何种支付方式。如果你是将产品直接销售给消费者，那么你可能需要建立一个商业账户，以便你可以接受信用卡付款。现在，由于网络供应商的出现，你有了更多的选择。在过去，你不得不直接进入自己最喜爱的本地银行去办理，这需要你提供很多细节信息，并且耗时耗力。现在，你可以选择一些网上商店来做这些事情，它们将帮你处理掉很多类似的事务。如果你销售产品给企业，那么你还需要想想如何给这些企业客户提供发票和信用证。一定不要低估如何获得付款的重要性。第四步，尝试开始做交易。你现在有能力出售产品了吗？也许你应该考虑今天去尝试兜售货物。即使你的企业还没有完全建立起来，大量的企业（也许大多数人）在完全建立起来以前就开始销售产品或服务了。这可以帮助你确定，人们是不是想买你所销售的东西。即使你不能售出东西，因为事情都准备好了，那就继续说服别人。只要你的企业已经开门，销售就要继续进行。我们把这件事情放在这里的原因是，许多企业都是在找到第一个客户的那一刻真正诞生的。

（3）初创企业在运作过程中，需要规划企业的发展战略。发展战略需要包含企业战略管理的基本目标和任务、初创企业的战略选择、初创企业的战略规划等内容。如何制定企业的发展战略，本教材将在后续的章节中具体介绍并提供实训环节。

（4）初创企业在运作过程中，需要规划企业的营销战略。想想你的目标市场，想象一个假设的、理想的客户，确定他的年龄、性别、职业、最喜欢的媒体和家庭状况等，重要的是要了解你的客户。想想你的营销策略和执行细节，花点时间想出一个简短扼要的营销计划，以确保你了解如何将企业推向市场。当然在营销规划中，也需要根据市场调研和企业发展目标等内外部因素，确定产品外观和形象。开始规划产品外观，明白你的买家将对公司产生什么样的印象。你的企业的标志将是什么样子的？它会传达什么意义？怀旧的、值得信赖的，还是前卫？每个公司都有一个品牌意义，你当然也要确定下来。你将如何把这一想法传递给客户和潜在客户？可以通过标识、标志、广告创意等来展示你的产品外观和品牌形象。这些都是你的品牌精华，你需要充分利用它们的价值，然后才能走得更远。你还需要及时建立企业的网站。如果你要建立一个 Web2.0 的应用网站，或网站将是企业业务的核心，那么你的网站必须在创建的三周内能解决一些简单的问题。对于大多数企业，你可以非常迅速地拥有一个网站。想想你的网站需要哪些基本要素，例如，至少要能从网站获得一个关于企业的基本信息、产品或服务。现在看来，还有一些很好的捷径，如互联网上有很多可以帮助你快速建立网站的工具，适用于许多小型公司，而且很少或几乎不需要格式化工作。

4. 新企业生存和成长

有了创业的计划，有了资金的注入，那么接下来就是公司的开业以及日后的经营方法了，这个在选择项目的时候大家就应该考虑了，不过在上文中没有提到，因为每个项目的经营方法不一样，所以要针对自己选择的项目做出相应的运营方案，小本创业虽然说投资不了几个钱，但是这已经不是钱多钱少的问题了，可能会失败，最主要的是总结失败的经验，争取下一次一定成功。有很多人说，商场如战场，没有人会一开始就成功，也没有人注定一辈子失败。作为一个创业者，首先要有创业失败的准备，不要好高骛远。首先，我们需要有一个好的创业项目和公司名称，好的品牌或公司名称能够充分反映你的产品或服务的特色。一般来说，品牌或公司名称与产品之间的关系是成正比的，具有创意的品牌或公司名称不仅有助于建立品牌的形象，同时也能刺激顾客的购买欲。

企业在生存发展进程中，时刻要关注企业内部的生产管理、技术研发、市场营销管理、财务管理等各个环节。当然，企业在进行重大发展战略选择时，更要注重数据分析，依据科学分析与决策进行选择，只有这样，创业企业才能够真正长期、健康地发展与成长。

第2章 创业计划书的撰写

2.1 撰写的准备工作

创业者在撰写创业计划书之前,需要明确撰写对象、选好撰写角度、搜集相关信息资料,从而做好撰写的准备工作。创业计划书应由创业者自己亲自完成;创业计划书应更具有针对性,需要从创业者、投资者、市场等多个角度考虑;正式撰写创业计划书之前,应该根据创业企业的目标搜集相关的信息资料,包括市场信息、运营信息、财务信息等。撰写的准备工作具体包括商业创意的形成与初筛、可行性分析和确定创业计划书的格式等内容。

2.1.1 商业创意的形成与初筛

商业创意是创业计划的核心,商业创意的形成和筛选是创业者的首要工作。商业创意的形成有三大常见的商业创意源泉:变化的环境趋势、尚未解决的问题和市场缝隙。其中变化的环境趋势主要包括经济趋势、社会趋势、技术进步和政治行为与政策的变化趋势等。创业者利用尚未解决的社会生活问题和市场未覆盖的范围、市场缺乏的产品或服务等市场缝隙寻找和筛选新的商机,从而识别出好的商业创意。商业创意的形成方法主要包括焦点小组、数据分析、头脑风暴、网络调查等方法。创业者通过有组织的集体小组讨论和调查分析获得更多更好的商业创意。

商业创意的初筛是创业者快速评估商业创意价值的机制,初筛的时间不宜过长,可以采用商业创意初筛工具表进行快速筛选,如表 2-1 所示。商业创意初筛工具表主要包括五部分内容:商业创意的优势、与产业相关的问题、与市场相关的问题、与创业者相关的问题、资金问题。创业者利用此表通过对表中 25 个评价要素的分析打分,得出该商业创意的得分情况,从而对多个创意进行评价筛选,从中选出最好的、最合适的商业创意。

表 2-1　商业创意初筛工具表

评价维度	评价要素	低潜力（-1）	中潜力（0）	高潜力（+1）	得分
商业创意的优势	1.创意	弱	中等	强	
	*创意利用环境趋势的程度	弱	中等	强	
	*创意解决问题的程度	弱	中等	强	
	*创意契合尚未填充的市场缝隙的程度	弱	中等	强	
	2.进入市场的时机	不适时	适时	非常适时	
	3.能否为使用者增加价值	低	中等	高	
	4.消费者已得到满足的程度	非常满意	中等	不太满意或模棱两可	
	5.是否提升消费体验	降低	没有提升	有效提升	
与产业相关的问题	1.竞争者数量	多	少	无	
	2.产业生命周期所处阶段	成熟期或衰退期	成长期	初创期	
	3.产业增长率	低或零	中等	强	
	4.产业平均利润率	低	中等	高	
	5.产业内产品/服务对消费者的重要性	可有可无	希望拥有	必需品	
与市场相关的问题	1.拟创建企业目标市场的识别	难以识别	能够识别	清楚	
	2.构建可能竞争者"进入壁垒"的能力	无法构建	介于能否构建之间	可以构建	
	3.消费者的购买能力	低	中等	高	
	4.让消费者认识新产品的容易程度	低	中等	高	
	5.目标市场的增长潜力	低	中等	高	
与创业者相关的问题	1.创业者在该产业的经验	没有经验	一般经验	很有经验	
	2.创业者是否拥有拟创建企业产品或服务相关的技能	没有	一般	有且多	
	3.创业者在相关产业的职业与社会网络	没有	中等	广泛	
	4.拟创建企业与创业者个人目标和抱负的契合程度	弱	中等	强	
	5.组建有凝聚力的团队、共同创建与发展企业的可能性	不可能	可能性中等	很有可能	
资金问题	1.初始资本投资	高	中等	低	
	2.收益动因（企业盈利渠道）的数量	1个	2到3个	3个以上	
	3.回本时间	2年以上	1～2年	1年以内	
	4.同类企业的财务业绩	弱	中等	强	
	5.用个人储蓄或自筹资金为产品或服务开发或初创费用融资的能力	低	中等	高	
汇总		—	—	—	

2.1.2 可行性分析

可行性分析是对商业创意的进一步筛选和判断，前期的研究工作越深入越全面，创业的风险就会越小。可行性分析应具有预见性、公正性、可靠性、科学性的特点。创业计划的可行性分析需要对其商业创意进行综合全面的评价和分析，指出创意的优缺点并提出建议，有时为了结论的需要，往往还需要加上一些附件，如实验数据、论证材料、计算图表、附图等，以增强可行性报告的说服力。初创期的项目或创意因条件限制，所做的可行性分析是有限的，但是至少要包括技术可行性和经济可行性的分析。当然还可以对产品或服务的可行性、产业或目标市场的可行性、技术的可行性、经济的可行性、组织的可行性、财务的可行性、社会的可行性、风险因素控制的可行性等进行分析，这也是创业计划中关键的环节之一。表 2-2 给出了可行性分析工具表。

表 2-2 可行性分析工具表

可行性维度	不可行	不确定	可行
产品或服务的可行性			
产业或目标市场的可行性			
技术的可行性			
经济的可行性			
组织的可行性			
财务的可行性			
社会的可行性			
风险因素控制的可行性			

2.1.3 创业计划书的格式

创业计划书的一般格式要求有封面、目录、引言、摘要、正文、附录等内容。一份完整的创业计划书主要包括以下内容：摘要、公司简介、市场分析、竞争分析、产品服务、市场营销、财务计划、风险分析、内部管理、附件资料等，如图 2-1 所示。

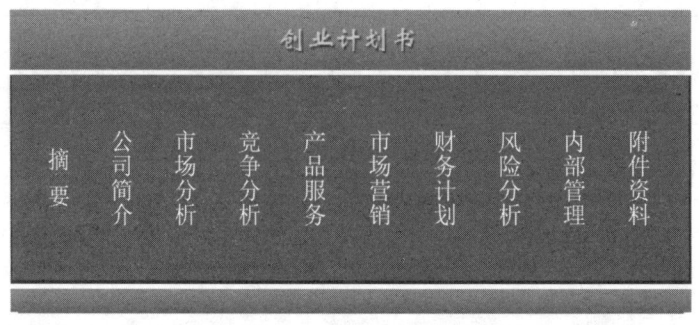

图 2-1 创业计划书的主要内容

封面一般主要包括项目名称、创业团队的成员、指导老师或专家、日期等相关信息，也可以将项目单位、地址、电话、传真、电子邮件、联系人等相关信息填写在封面上，具体的样式也可以根据企业或公司的特点和风格进行设计。目录一般包括引言、摘要、正文和附录及其页码等相关信息。引言一般要描述环境、提出问题，从而引出创业计划等主要内容。摘要是创业计划的概括，一般要求 1~2 页即可。摘要要求用简洁的语言提出创业计划的设计和总体计划，要求有一定的吸引力。摘要是对整个计划书内容的总体说明，是描述全部计划的基本框架，使人能够最快地了解计划书的主要内容。正文的内容一般也可以概括为企业介绍和描述、产业和市场分析、营销策略和计划、管理团队和公司结构、指定融资计划等。附录是将相关调查报告、统计表、合同、成员介绍等信息文件进行附注，方便查询。附录中的各级标题和内容格式与正文的各级标题和内容格式要求一致。

创业计划书中的表格一般要求为三线表。三线表通常只有三条线，即顶线、底线和栏目线，其中顶线和底线为粗线，栏目线为细线，必要时也可以加辅助线。三线表的组成要素主要包括：表序、表题、项目栏、表体和表注。一般也要求标注页眉、页脚和页码等。

2.2 创业计划书的内容

2.2.1 企业介绍和描述

对企业的整体情况和发展情况进行详细的介绍和描述，包括企业的名称和简介、愿景和使命、公司的宗旨和经营发展目标、企业架构和部门、经营的内容和范围、战略规划、产品或服务、技术、核心管理团队、财务管理、风险管理、企业服务对象和市场等各个方面，其中应该重点阐述企业的整体优势，如技术优势和产品优势等。

2.2.2 产业和市场分析

产业和市场分析这部分主要介绍公司即将进入的目标市场的整体情况、产业的发展情况及前景。市场分析包括市场的现状与规模、市场发展趋势及目标市场的客户需求分析等。产业分析包括市场结构分析、行业的性质分析、行业的寿命周期分析、行业的稳定性分析或其他有关因素。

产业和市场分析是编写创业计划书最重要也是最困难的部分，这部分内容的编写需要格外重视。不管企业是准备推出新的产品或服务，还是准备开拓新的市场，都需要仔细地对产业和市场进行分析和预测。首先，创业者要对需求进行预测：产业和市场是否存在对这种产品或服务的需求，需求的大小能否给企业带来利润，需求未来的发展趋势如何，影响需求的因素有哪些，等等。其次，创业者需要对产业和市场情况进行分析：主要竞争对手有哪几家，它们的综合实力如何，它们的竞争优势何在，本企业能达到的市场占有率是多少，本企业的进入会给竞争带来何种变化，企业有没有相关的措施来应对，是否存在有利于企业的市场空间等。

这部分内容应该包括：产业和市场现状分析、竞争对手分析、目标客户分析、目标市场分析、本企业产品或服务的市场定位和市场特征等。为做好产业和市场分析工作，创业者必须深入市场调查研究，尽量扩大信息的搜集范围，重视对宏观环境和微观环境的预测，采用科学的预测手段和方法。

在这部分，需要创业者指出在哪个行业和市场领域展开竞争，市场特点与性质怎样，如何划分市场格局，这些市场格局与营销研究中心的分析或与投资分析有何不同等。以上问题要具体说明。

2.2.3 营销策略和计划

营销策略是企业以顾客需要为出发点，根据经验获得顾客需求量以及购买力的信息、商业界的期望值，有计划地组织各项经营活动，通过协调一致的产品策略、价格策略、渠道策略和促销策略，为顾客提供满意的商品或服务，从而实现企业目标的过程。

营销计划是指在对企业市场营销环境进行调研分析的基础上，制定企业及各业务单位的营销目标以及实现这一目标所应采取的策略、措施和步骤的明确规定和详细说明。

创业者设计创业计划书中营销策略的要点是对市场环境、消费心理、产品优势进行分析，根据企业自身情况和战略，选择合适的营销方式和平台，将市场开发策略、产品定价策略、广告宣传策略、分销渠道策略等进行详细的设计和说明。

创业者设计创业计划书中营销计划的要点是将计划概要、营销状况分析、机会与风险分析、营销目标、营销策略、行动方案、营销预算、营销控制等相关内容进行具体规划和设计说明。

2.2.4 管理团队和公司结构

管理团队和公司结构部分是创业计划书的关键，许多投资者和其他阅读创业计划书的人首先会查看摘要部分，然后直接阅读管理团队部分来评估企业创办者的能力。

创业企业的管理团队一般是由创立者或创立者和几个关键的管理人员组成。早期阶段企业可能只有一个或几个创立者并且计划增加其他管理人员。企业管理团队的描述应该是实事求是的，而且应当以一种让人容易形成具体形象的方式表达出来，包括企业所处的位置，管理团队人事安排在可预见的将来计划如何发展。这一部分需要详细介绍创业的管理团队和公司的整体结构，需要详细阐述创业团队中的团队人数、人员年龄结构、人员学历结构、擅长领域、工作背景等相关情况。其中几个重要的部分包括管理团队的人事安排、管理团队的所有权及其分配以及需避免的常见错误等都需要详细阐述。

这一部分也需要阐述公司的组织结构。公司组织结构是涉及公司内部相互作用和影响的细节问题。阐述一个公司如何组织及其权力与责任如何匹配的最有效方法是创业计划书中包含一个组织结构图,它是公司内部的权力和责任如何分配的一个图解描述,并且还需要加以文字说明。组织结构图需要说明企业现在看起来像什么和未来的短期或中期计划变成什么样子,并对具体的职权进行清晰的描述和界定。

2.2.5 指定融资计划

融资计划包含了投资决策所关心的全部内容,例如,商业模式、产品和服务模式、市场分析、融资需求、运作计划、竞争分析、财务分析、风险分析等,这对创业企业来说至关重要,它是决定创业是否能够进行下去的关键,是说服投资者的证明书。

融资计划的撰写大体分为五个步骤。

(1)融资项目的论证:主要是指项目的可行性和项目的收益率。融资计划需要进行可行性分析、项目预估和规划。

(2)融资途径的选择:作为融资人,应该选择成本低、融资快的融资方式,比如说发行股票和证券、向银行贷款、接受入伙者的投资;如果你的项目和现行的产业政策相符,可以请求政府财政支持。

(3)融资的分配:所融资金应该专款专用,以保证项目实施的连续性。

(4)融资的归还:项目的实施总有个期限的控制,一旦项目的实施开始回收本金,就应该开始把融资获得的资金进行合理的偿还。

(5)融资利润的分配。

融资计划中融资方式、融资途径和融资主体是最为核心的内容。融资方式主要有基金组织、银行承兑、直存款、银行信用证、委托贷款、直通款、对冲资金、贷款担保。融资途径主要包括债务融资和股权融资。融资主体是指进行融资活动、承担融资责任和风险的项目法人单位。

2.3 认识"创业之星"

创业是一门综合实训课程,配合高校创业教育及创业实践活动的开展。"创业之星"训练平台以模拟实训为主,兼顾理论学习与理解。其中,创业计划环节重点在于帮助学生理清创办企业的可行性与发展规划;创业准备环节主要是帮助学生了解实际成立企业需要办理的流程事务;创业管理环节通过对竞争中的创业企业的实际运营管理,帮助学生更好地理解创办企业所需用到的各项管理知识,体验创业的艰辛与欢乐,对企业的风险有更直接、更深刻的体验。

2.3.1 启动"创业之星"学生端

"创业之星"整个系统平台包括服务器端、教师端、学生端三部分。

这里以《创业总动员》——贝腾创新创业实训平台进行"创业之星"实训模拟操作。

（1）双击桌面图标，打开《创业总动员》客户端，如图2-2所示。

图2-2　《创业总动员》客户端桌面图标

（2）打开客户端登录界面后，根据服务器具体安装情况填写IP地址和访问端口，然后单击"进入系统"，如图2-3所示。

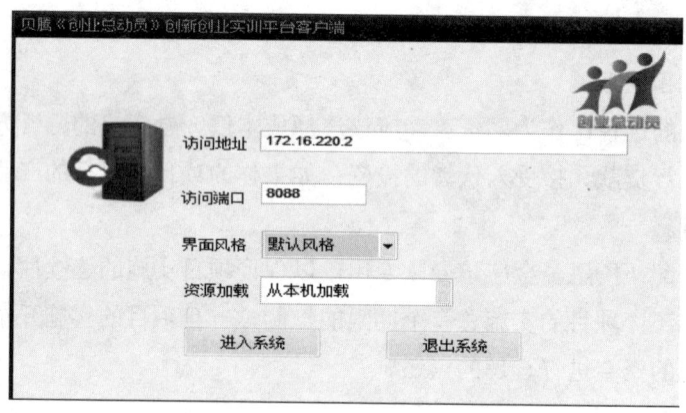

图2-3　《创业总动员》客户端登录界面

（3）进入系统后，选择右上角"注册"进行学生账号注册，如图2-4所示。

图2-4　学生账号注册

（4）学生注册完成后，选择"登录"进行学生端登录，如图2-5所示。

（5）学生登录完成后，单击"搜索"，根据所在班级选择相应指导老师和班级，如图2-6、图2-7所示。（指导老师需要在教师端提前注册好账号，并完成学生账号解锁、班级创建等环节。）

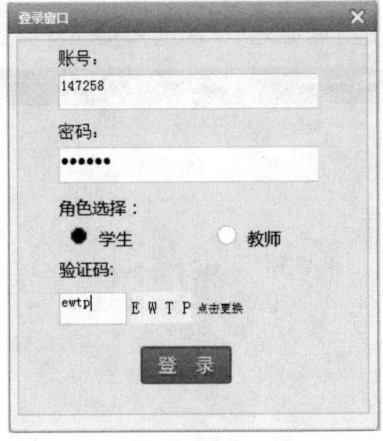

图 2-5　学生端登录窗口

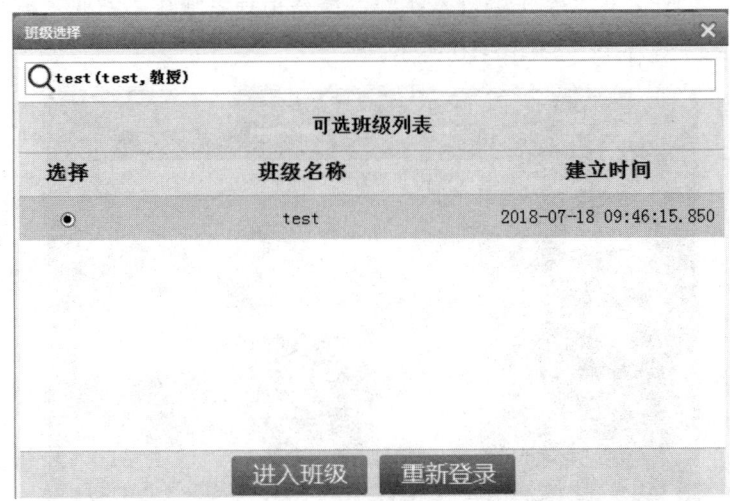

图 2-6　指导老师选择

图 2-7　班级选择

第 2 章　创业计划书的撰写　▶　19

（6）学生进入班级后，单击"创业之星"，进入实验，如图2-8、图2-9所示。

图2-8　"创业之星"进入界面

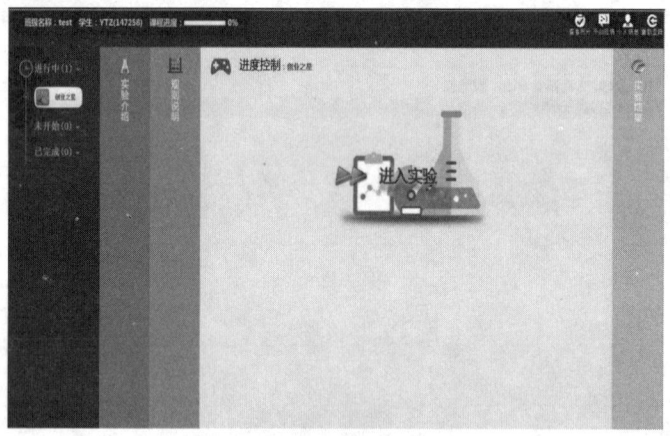

图2-9　进入实验界面

说明 1：从"创业之星"学生端进入实验，需要指导老师在"创业之星"教师端进行实验开始、控制和结束等环节，如图2-10所示。

图2-10　"创业之星"教师端控制界面

说明 2：从学生端进入实验后显示"创业之星"三维立体界面，指导老师需对学生进行分组管理，否则学生界面会弹出相关未分组的提示框，如图 2-11 所示。

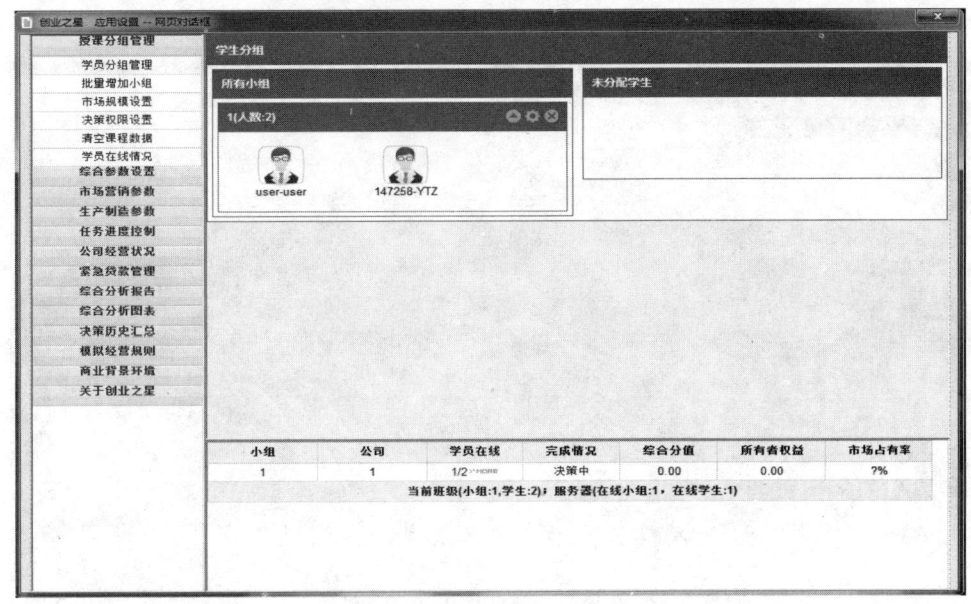

图 2-11 "创业之星"教师授课分组管理界面

至此，学生端已正常启动运行，如图 2-12 所示。

图 2-12 "创业之星"学生端界面

2.3.2 主场景功能分布简介

学生端程序运行并成功登录后，进入的主场景如图 2-13 所示。

图 2-13 "创业之星"学生端主场景界面

主场景是一个创业园区的示意图，每幢楼分别代表着某一个办事机构，可以去办理相关业务。

（1）大学生创业园是能够进入创业公司的场所。

（2）创业银行是金融机构，可以到这里办理借款业务。

（3）交易市场主要是办理人员招聘、原材料购买、厂房租赁、设备购买、交易信息发布等业务。

单击软件中的"箭头"即可进入相应办事机构，如图 2-14 所示。

图 2-14 进入办事机构图标

2.3.3 公司场景功能分布

企业创立后，在运营阶段，大部分工作主要是在公司内部完成的。公司内部包括各个管理部门，如研发部、市场部、销售部、制造部、人力资源部、财务部等，另外还有总经理室、原料仓库、生产车间、成品仓库等。部门不同其职责也各有不同，如图2-15所示。

图2-15　公司场景

2.3.4 导航条的操作使用

在主场景的左侧有个简易导航条，上面显示主场景、公司、银行、市场、原料、成品、厂房等场景，这些都是使用频率高的场景，有了导航条便可以随时在各场景间切换，如图2-16所示。

图2-16　导航条

第 2 章　创业计划书的撰写　　23

2.3.5 管理岗位与角色分工

在正式开始运营管理前，首先需要对团队中的每位成员进行岗位分工与角色任命。这项工作可以通过单击左上角个人头像，在弹出的个人信息窗口中完成，同时也可以修改公司基本信息和个人信息，如图 2-17、图 2-18 所示。

图 2-17　个人信息— 公司信息窗口

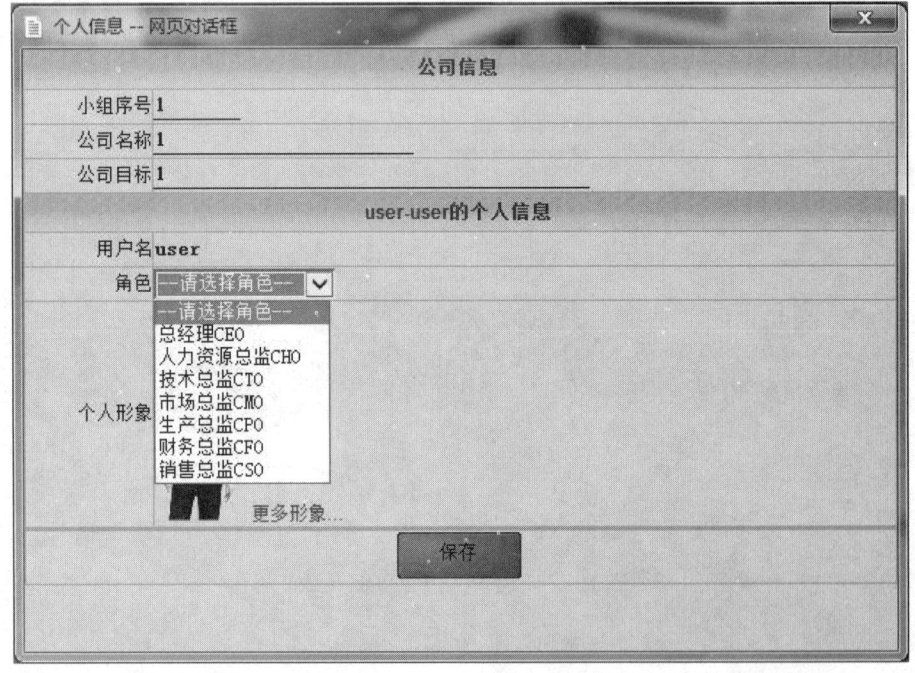

图 2-18　角色分工

2.3.6 季度管理

季度管理由"创业之星"教师端的指导老师进行实验控制。教师在教师端单击"选择进入下一季度",学生才能进行实验模拟操作,进入下一季度学生端界面会有对话框提醒,如图 2-19 所示。

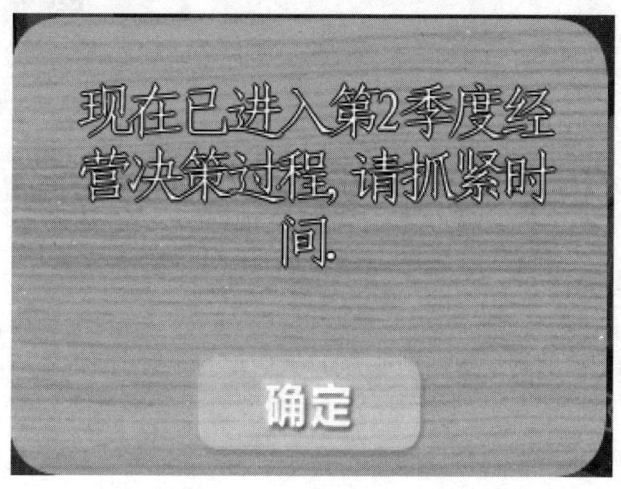

图 2-19　季度管理提醒界面

第3章 创业实施的准备

3.1 企业注册的相关知识

3.1.1 企业形式的选择

企业注册是开始创业的第一步,创业者在有了充分的思想准备之后,经过酝酿决定启动创业计划,接下来要考虑的是要创建一个什么样的企业。企业的类别很多,法律形式也不一样,对于首次创业者来说,选择合适的企业形式非常重要。

企业是市场经济的主体,根据市场经济的要求,现代企业的组织形式按照财产的组织形式和所承担的法律责任划分。国际上通常的分类如图 3-1 所示。一般情况下,企业组织形成分为三类,即公司企业、合伙企业和独资企业,其中公司企业又分为股份有限公司和有限责任公司。

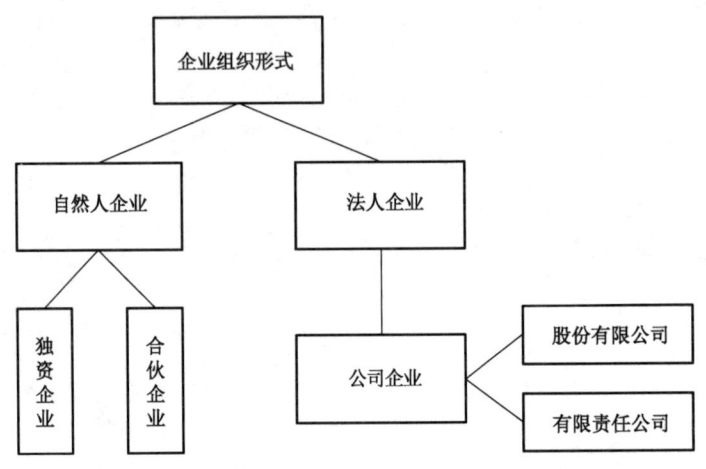

图 3-1 企业组织形式

企业组织形式的决定和选择需要考虑很多因素,主要包括以下几个方面。

(1)税收因素。我国对公司企业和合伙企业实行不同的纳税规定。公司企业营业利润在企业环节上需要课征企业所得税,税后利润作为股息分配给投资者。个人投资者还需要缴纳一次个人所得税,而合伙企业则只课征合伙人分得收益的个人所得税。因此一般情况下,规模较大的企业选择股份制有限公司，规模不大的企业采用合伙企业比较合适。

（2）利润和亏损的承担方式。独资企业要一个人承担企业的亏损。合伙企业如果没有特别的协议规定，利润和亏损由每个合伙人按相等的份额分享和承担。对有限责任公司和股份有限公司的亏损，股东个人不承担投资额以外的责任。

（3）资本和信用的需求程度。通常情况下，如果投资人有一定的资本但并不充裕，又不想使事业的规模太大或受到客观条件的限制，则更适宜采用合伙或有限责任公司的形式。如果投资人有充足的资金，并希望经营事业规模更大，则宜采用股份有限公司。如果投资人愿意以个人信用和企业信用为基础，且不准备扩大企业的规模，则可以采用独资的方式。

（4）企业的存续期限。投资人的权利转让、企业控制等因素都会对投资人选择企业组织形式造成影响，因此对企业组织形式选择必须对各项因素进行综合分析。

3.1.2 确定企业名称

企业名称是公司的称呼，作为独立法人的公司都必须有自己的名称。公司的名称要具有鲜明的个性和一定的文化内涵。一个内涵丰富、魅力四射的名字必然会为公司以后的业务开展增光添彩。对一个公司来说，名称是"品牌"的先锋，好名称是公司最好的推销员。

企业名称一般应包括：①公司种类，应标明属何种公司，例如无限公司、有限公司等，不能只标明公司；②具体名称，除法律限定的，一般由当事人自由选定；③营业部类，法律没有硬性规定，可以不写入名称中；④公司所在地名称。

公司名称代表公司的商业信誉和技术水平，一经核准登记，公司即取得对该名称的专有使用权。公司名称可以转让。

企业可使用的取名方法很多，常用的起名方法有：①以经营者本人的名字命名；②以经营团队命名；③结合汉字原理命名；④以地域文化及五行学说命名；⑤以典故、诗词、历史轶事命名；⑥以英文的谐音命名。

企业名称选取时应注意以下问题：①避免存在误导意义的名称；②拒绝具有消极意义的名称；③尽量避免使用字母和数字；④字号部分的数字不宜过多；⑤部分的字词应易读易写，便于记忆；⑥字号应该适合消费者的口味；⑦企业名称中不应包含另一个公司或者企业的名称；⑧企业名称不得侵害其他公司、企业的名称权；⑨不得含有法律法规明文禁止的内容；⑩不要使用已吊销或者注销不到3年的公司名称；⑪不得使用与其他企业变更名称未满1年的原名称相同的名称；⑫经商标权人许可，商标可以作为字号申请公司或者企业名称。

3.1.3 设计企业标志

企业标志是企业综合信息传递和展现的媒介，承载着企业的文化和形象。企业强大的整体实力、完善的管理体系、新颖的产品和优质的服务，都被涵盖于标志之中，通过不断传递和广泛刻画，深深地留在客户心中。企业标志，可分为企业自身的标志和商品标志。

标志的特点有识别性、领导性、造型性、同一性、延展性、系统性、时代性、涵盖性和革新性。设计企业标志可以帮助企业树立良好的统一形象，从而给客户留下深刻的印象。企业标志就是区别于其他竞争对手的最好形式。

标志可以分为图形标志、文字标志和复合标志三种。图形标志是以富于想象或相联系的事物来象征企业的经营理念、经营内容，借用比喻或暗示的方法创造出富于联想、包含寓意的艺术形象。文字标志是以含有象征意义的文字造型为基点，将其变形或抽象地改造，使之图案化。拉丁字母标志可用于企业名称的缩写。文字、图案复合标志是综合运用文字和图案因素设计的标志，有图文并茂的效果。

在设计企业标志时，应注意以下问题：①好的标志应简洁、鲜明并富有感染力；②优美精致，符合美学原理；③标志要被公众熟知和信任；④在各应用项目中，标志运用最频繁，它的通用性不可忽视。

3.1.4 企业登记注册

根据《中华人民共和国公司法》（以下简称《公司法》）的规定，设立公司，应当依法向公司登记机关申请设立登记。企业注册登记需要符合以下基本条件。

（1）国家规定的开业条件。根据《工商企业登记管理条例实施细则》的规定，工商企业申请登记时，应符合下列基本条件：有固定的生产经营场所和必要的设施；有固定的人员；有必要的资金；常年生产经营或季节性生产经营在3个月以上；有明确的生产经营范围并符合国家有关政策法令。

（2）确定企业的法律形式。注册申请人在注册登记前，首先要确定所成立企业的法律形式，可供选择的法律形式有：独资企业、合伙企业、有限责任公司、股份有限公司。

（3）备齐相关的法律文件。企业法律形式不同，所需文件也不同。以有限责任公司为例，其主要文件包括：公司法定代表人签署的《公司设立登记申请书》，如果是委托代理人申请设立登记，须提交股东签署的《指定代表或者共同委托代理人的证明》。及指定代表或委托代理人的身份证复印件，应标明具体委托事项、被委托人的权限、委托期限；股东签署的《公司发起人协议书》；股东签署的《公司章程》；股东的法人资格证明或者自然人身份证明；依法设立的验资机构出具的验资证明；股东首次出资是非货币财产的，须提交已办理财产权转移手续的证明文件；董事、监事和经理的任职文件及身份证复印件；法定代表人任职文件及身份证复印件；依据《公司法》和公司章程的规定和程序，提交股东签署的法定代表的书面决定、董事会决议或其他相关材料；住所使用证明；《企业名称预先核准通知书》；法律、行政法规和国务院决定规定，设立一人有限责任公司必须报经批准的，提交有关的批准文件或者许可证书复印件；公司申请登记的经营范围中有法律、行政法规和国务院决定规定必须在登记前报经批准的项目，提交有关的批准文件或者许可证书复印件或许可证明。

企业登记注册的流程如图3-2所示。

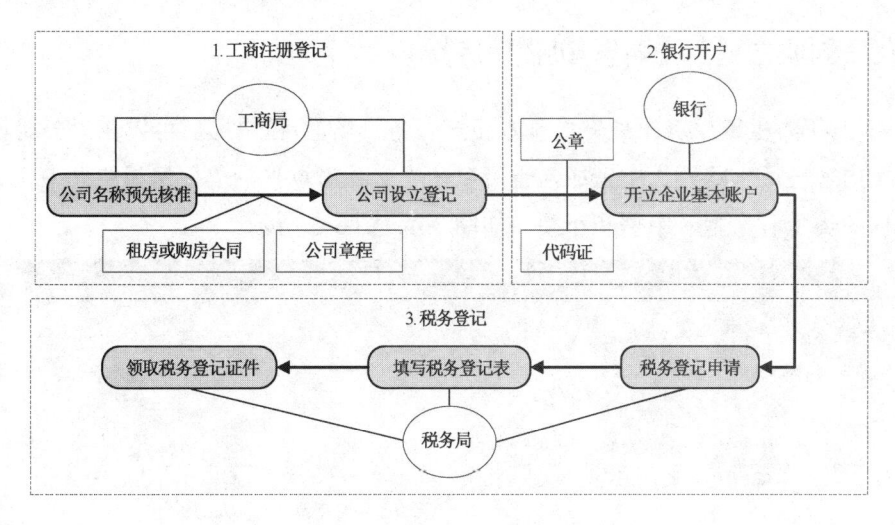

图 3-2　企业登记注册的流程

企业登记注册流程主要包括工商注册登记、银行开户和税务登记三个核心模块。其中工商注册登记主要包括：公司名称预先核准（即公司核名）、公司设立登记等环节，在公司设立登记前需要选择公司办公地点（租房或购房）并订立公司章程，主要在企业注册地的工商局进行。银行开户主要包括：在工商局注册完毕拿到组织机构代码证和公章后到所在区域银行开立企业基本账户等。税务登记主要包括：税务登记申请，填写税务登记表和领取税务登记证件等环节，主要在企业所在区域的税务局进行。

3.2　在"创业之星"中编辑企业基本信息并购置/租赁厂房

3.2.1　在"创业之星"中编辑企业信息

在"个人信息—公司信息"窗口中编辑公司名称和公司性质，并填写公司目标等相关信息，如图 3-3 所示。

图 3-3　个人信息—公司信息窗口

第 3 章　创业实施的准备　29

3.2.2 在"创业之星"中购置/租赁厂房[①]

公司需要购置/租赁厂房才能完成基本生产任务。购置/租赁厂房可以在"公司场景—制造部—决策内容—厂房购置"中完成，也可以在"交易市场"的"厂房租赁"中完成。购买或租用厂房的类型有大型、中型和小型，如图 3-4、图 3-5 所示。

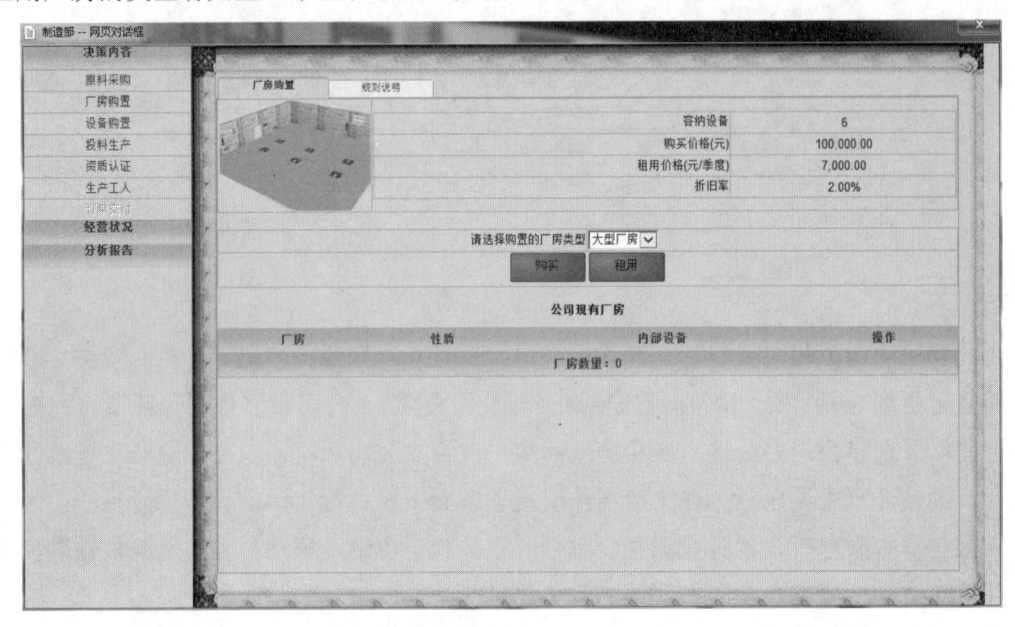

图 3-4 公司制造部厂房购置

图 3-5 交易市场厂房租赁

---

① "创业之星"软件中租赁、租用混用，为与软件一致，此节内容依软件所示不做统一。——编辑注

公司厂房购置完成后会在厂房购置界面显示公司现有厂房的情况，如图3-6所示。

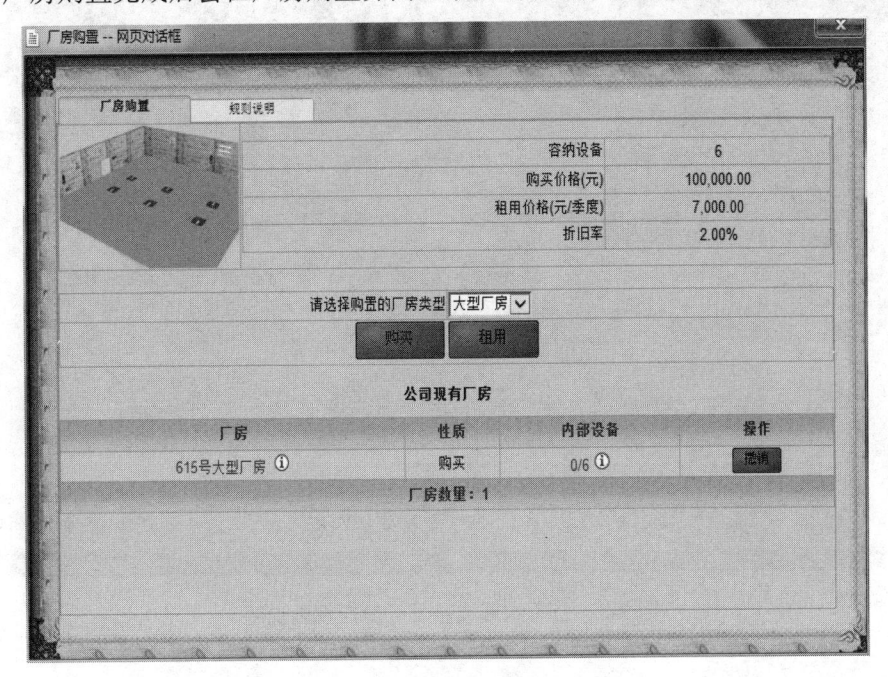

图3-6 公司现有厂房的情况（购买）

公司厂房租赁完成后会在厂房购置界面显示公司现有厂房的情况，如图3-7所示。

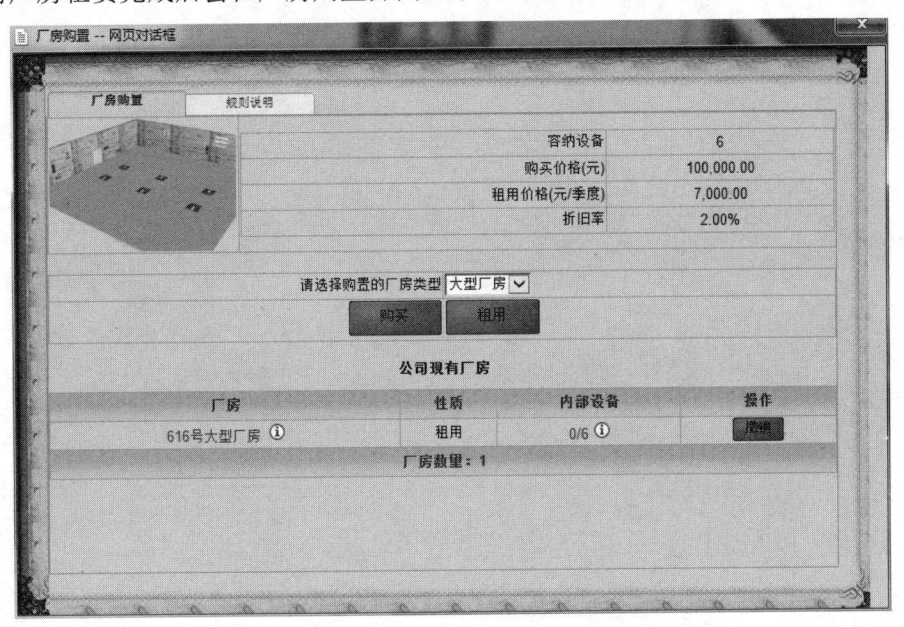

图3-7 公司现有厂房的情况（租用）

公司购置或租赁厂房的规则说明如图3-8所示。

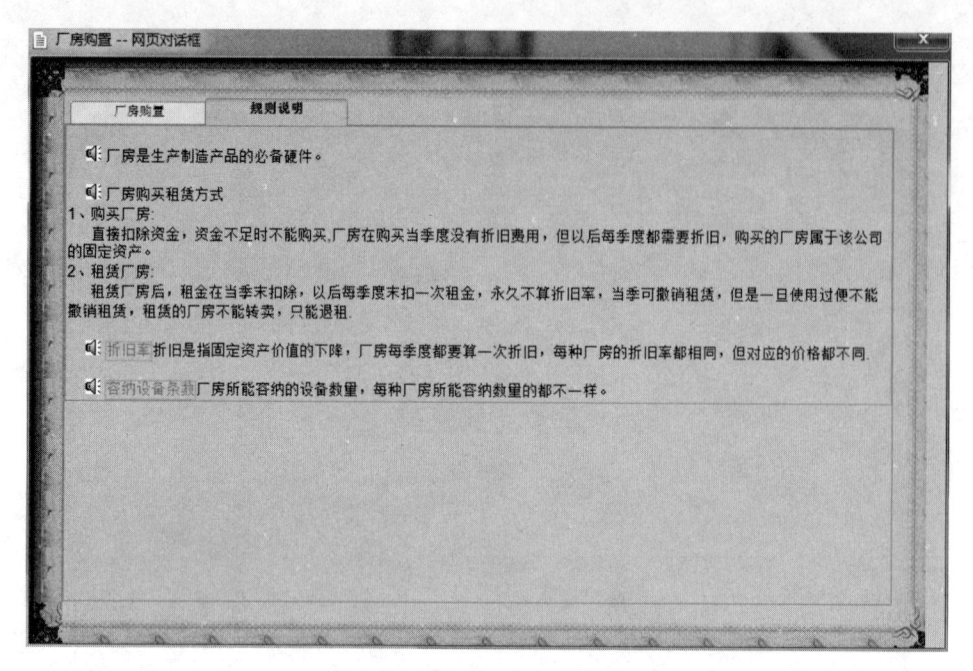

图 3-8　公司购置或租赁厂房的规则说明

第 4 章

企业发展战略规划

4.1 企业战略管理的任务

企业战略是对企业各种战略的统称，包括竞争战略、营销战略、发展战略、品牌战略、融资战略、技术开发战略、人才开发战略、资源开发战略等。企业战略是层出不穷的，例如信息化就是一个全新的战略。企业战略虽然有多种，但基本属性是相同的，都是针对企业经营的谋略，都是对企业整体性、长期性、基本性问题的考虑。

企业战略管理有五项任务，如图 4-1 所示。

提出公司愿景 → 建立战略目标体系 → 制定战略 → 高效地实施和执行公司战略 → 业绩评估与战略发展调整

图 4-1 企业战略管理过程中的五项任务

4.1.1 提出企业愿景

企业战略管理的首要任务是提出企业愿景，即指明企业的未来业务组成和企业前进的目的地，从而为企业确定一个长期的发展方向，清晰地描绘企业将竭尽全力所要从事的事业，使整个组织对一切行动有一种目标感，即回答我们要去向何方，未来的业务组合是什么，我们的顾客是谁，我们的核心能力是什么等问题。

4.1.2 建立战略目标体系

企业战略管理的第二个任务是建立战略目标体系，即将公司的战略愿景转化成公司要达到的具体业绩标准，例如财务目标体系和战略目标体系、短期目标和长期目标。公司业绩目标的建立需要战略管理的执行者付出很大努力，尽可能地在目标体系里面体现公司愿景和使命所要表达的意思。公司目标体系的建立需要所有管理者的参与，并将其分解为公司层目标、事业部目标和各职能单位的目标。企业只有对各层次的目标进行纵向整合和横向整合，才能加强彼此的联系，发挥出整体力量。

4.1.3 制定战略

企业战略管理的第三个任务就是制定企业战略。业务组合是单业务还是多业务组合，目标市场的选择是广泛性的还是聚焦于一个特定的市场，是多产品还是单一产品，基本的战略形式是什么，采取什么样的组织形态，各个业务单元的经营使命与经营规划是什么，等等，以上问题在制定战略时都要考虑。需要指出的是：制定什么样的战略和企业家的价值观是分不开的；战略的导向由市场和客户需求、风险和创新、开放程度等多种因素决定，因此，要避免战略陈旧和由内而外的思维，仅从市场和顾客的角度去思考、去适应是不能够解决问题的。

4.1.4 高效地实施和执行企业战略

企业战略管理的第四个任务就是高效地实施和执行企业战略。企业战略的实施是企业利用其内外部资源，运用目标体系实现其所制定的战略的过程。实施和执行一个既定的战略就是按照一定的日程达到既定的业绩目标，这个过程要求管理的重点转向第一线，监督战略在实施和执行过程中存在的问题并及时调整和解决。战略的执行过程就是一个协调的过程，包括战略和组织能力之间的协调，战略和奖惩制度之间的协调，战略和内部支持体系之间的协调，战略和组织文化之间的协调。将组织的内部运作方式同战略成功的必要条件协调起来有助于将整个组织统一起来，去完成战略的实施。从根本上说，战略实施的特点是以行动为导向的。

4.1.5 业绩评估与战略发展调整

企业战略管理的第五个任务是对企业进行业绩评估与战略发展调整。在这一任务中，主要是评价企业的经营业绩，采取完整性措施，参照实际的经营事实、变化的经营环境、新的思维和新的机会，调整企业的战略展望、企业的长期发展方向、企业的目标体系、企业的战略及企业战略的执行。战略的调整有可能会回到任务一至任务三，开始新一轮的战略；也有可能回到任务四，重新进行任务的实施和执行。提出公司愿景、建立战略目标体系和制定企业战略要结合起来，要作为一个整体来进行，而不能割裂开来。

4.2 初创型企业的战略选择

我国初创型企业的平均寿命只有 3~5 年，在激烈的市场竞争中，选择合理的企业战略是初创型企业生存、发展的基本法则。根据十年来为多家企业从事战略咨询服务的经验，笔者认为，以下几种战略类型是初创型企业经营发展的现实选择。

4.2.1 资源导向型战略

资源导向型战略是指初创型企业依赖本地区不太适宜大企业发展需要的资源条件而求得生存与发展的战略类型。其中的资源条件主要是指本地区的特有资源，如旅游、矿产、人力等资源。企业可以从事地区资源开发、旅游服务业开发、特色产品及工艺品的开发生产及贸易活动。

4.2.2 产业结构导向型战略

产业结构导向型战略是指初创型企业根据产业结构变动的特点来制定本企业的长远发展规划和措施。这一战略的关键在于企业是否能抓住产业结构中的空缺或薄弱环节，使企业成为产业链条中不可缺少的一部分。

产业结构导向型战略一般可有以下几种选择：①根据社会经济发展中产品变动的总体趋势及本地区情况，选择处于上升、扩展阶段的产业、行业部门，确定企业的生产经营方向；②根据本地区产业结构的特点和发展来确定企业的发展方向；③进入新兴行业，在"前沿"领域寻求获得优势及发展的机遇；④根据产业结构调整的政策导向确定企业的发展战略。

4.2.3 依附型经营战略

所谓"依附"，就是将本企业的生产经营活动、企业的发展相对固定地纳入或嫁接在某些大型企业集团上，成为大型企业系列化生产中的一个组成部分，进行专业化的生产与开发服务。

选择、采用依附型经营战略的好处在于：①企业可以得到相对稳定的供销渠道，产品的开发方向较为单一、明确，可以发挥自己的专长，并能在一定程度上避开市场激烈竞争的压力；②通过协作关系进行联合开发，依靠大企业的技术开发能力和实力，突破自身在资金、人才、设备等方面的制约。

4.2.4 在"夹缝"中求发展战略

现实中除少数技术集约型初创型企业外，大多数初创型企业的设备水平、技术开发能力都较低，难以在同类产品上与大企业直接展开竞争。在"夹缝"中求发展的战略，即选择产品市场开发的结合部或边缘地带，找到竞争较弱同时又具有广阔前景的某些"间隙"，开拓企业的发展空间。

4.2.5 联合竞争型战略

联合竞争型战略是根据企业发展的客观需要，通过企业外部的组织化和建立协作关系，改变初创型企业在竞争中的不利地位，弥补企业经营资源不足而采取的发展措施。

企业制定经营战略时首先要力争在方向上、类型上做出最佳选择。在战略选择时，一般应遵循以下原则：①企业未来的产品经营方向与生存发展战略一致原则；②企业的具体环境与经营战略一致原则；③企业潜在的核心能力与经营战略一致原则；④多种类型最优化选择原则。

联合竞争型战略有两种基本类型：①松散型联合，企业的联合局限于生产协作或产业化分工联合；②较紧密型联合，表现在人员、资金、技术和销售方面的联合，如互相持股、按股分息、互相调剂余缺、建立共同营销网络等。

4.2.6 低成本战略

低成本战略也称成本领先战略，要求建立起高效、有规模的生产设施，在经验的基础上全力以赴降低成本，严格控制成本与管理费用，以及最大限度地降低研究开发、服务、推销、广告等方面的费用。但是在多数情况下，低成本战略并不能构成初创企业战略的全部，或者说不能单独成为企业战略。因此，这种战略往往是伴随着其他战略的实施同时执行的。

4.2.7 差异化战略

差异化战略是将产品或公司提供的服务差别化，树立起一些在全产业范围内具有独特性的东西，为公司赢得竞争优势。实现差异化战略可以在这些方面下功夫：企业形象、独特的技术、产品特殊性能、顾客服务、商业网络等。最理想的情况是公司在多个方面都有其差异化的特点。

4.2.8 专一化战略

专一化战略是从竞争态势和企业发展的全局出发，把有限的人力、财力、物力、领导的关注力、企业的潜力等聚焦在某一方面，力求从某一局部、某一专业、某一行业进行渗透和突破，形成和凸显企业自身的优势，争取企业在竞争中的主动性和有利形势。它是一种避免全面出击、平均使用力量的创业战略，也是一种进行市场和产品深度开发的战略，更是使企业获取超额利润的竞争战略。

4.3 制定企业战略规划

4.3.1 企业战略规划的含义

企业战略规划是指企业根据外部环境和自身条件的状况及其变化来制定和实施战略，并根据对实施过程与结果的评价和反馈来调整、制定新战略的过程。

一个完整的企业战略规划必须是可执行的，它包括两项基本内容：企业发展方向和资源配置策略。企业战略的制定，需要有相应的资源配置策略和相关的组织和管控措施，以及一套可以持续运行的机制。在设计和执行战略时，多数企业没有配套的"战略评估"与"年度预算"，或者缺乏足够的论证过程，所以需要运用专业的工具和方法，帮助企业制定切实可行的战略规划，同时增强企业的战略执行能力。

4.3.2 制定企业战略规划的方法和步骤

制定企业战略规划的方法和步骤如下。

（1）确定企业的竞争地位。因为不同的竞争地位需要不同的竞争战略，市场追随者与市场领导者的竞争战略是不同的，企业在不同发展时期的竞争战略也是不同的，所以需要分析和预测企业的战略环境，只有认清了自己的竞争地位，才能制定出有效的竞争战略。

（2）准确界定竞争对手。制定企业战略的目的不是模仿市场领先者，而是要准确定位，建立自己的竞争优势。界定竞争对手需要分析企业所处的外部大环境，不仅要分析政治、经济、法律、文化等宏观环境，还要分析市场和行业因素这样的微观环境，这样才能准确界定竞争对手。

（3）根据企业所处的竞争地位，选择战略形式，制订行动计划和划分阶段。制定企业战略规划的关键是，根据企业发展的不同阶段和竞争优势，确定灵活的企业战略，量化企业的战略目标，制定可评估、可衡量、可操作的战略规划。

（4）整合企业资源，形成战略配称。只有将初创企业有限的资源投入到企业的核心环节，才能充分利用企业现有资源，为企业生存和发展提供保障。战略配称是创造竞争优势最核心的因素，它可以建立一个环环相扣、紧密连接的链条。只有制定实施战略的措施，优化战略资源的配置，才能发挥企业资源优势，促进企业更快、更好地发展。

第5章 企业组织架构

5.1 企业类型与特征

5.1.1 企业概述及其特征

企业，一般是指在社会化大生产条件下，从事生产、流通与服务等经济活动的营利性组织。企业概念反映了两层意思：一是营利性，即根据投入产出进行经济核算，获得超出投入的资金和财物的盈余，企业的经营目的一般是追求盈利；二是反映企业是具有一定经营性质的实体。初创企业是指处于创业初期的企业，其一般形式为小企业，是由创业者通过创建企业的方式，将其发现的信息、资源、机会或技术等转化成财富的过程。初创企业一般成长期为0到42个月，即3年半，超过42个月的企业一般可认为是进入成熟期的企业。

在我国，长期以来将企业看作从事产品生产、流通或服务性活动等实行独立核算的经济单位。从法律的角度看，凡是经合法登记注册、拥有固定地址且相对稳定的经营组织，都属于企业。企业具有以下特征。

（1）企业是一种社会组织。企业需要采取一定的组织形式，将人、财、物等生产要素有机地结合起来，从而进行生产加工、服务等活动，形成一个社会组织。

（2）企业是专门从事生产经营活动或服务性业务的社会组织，具有营利性。企业组织人、财、物等各种生产要素，从事生产、流通、服务等活动或业务，其目的是追求自身的经济效益，因此具有其他社会组织不具备的营利性特征。

（3）企业是独立的经济组织，具有独立性。首先，企业必须依法登记注册，取得法律关系主体资格，以企业自身的名义从事生产经营活动；其次，企业实行独立核算，对其生产经营过程及其结果独立地进行全面系统的会计核算，独立计算盈亏。

5.1.2 企业类型

企业作为一个生态有机体，有着多种属性与复杂形态。因此，可以按照不同的标准，将企业划分为多种类型：①根据企业财产组织形式可分为个体企业、合伙企业、合作制企业和公司制企业；②根据企业组合方式可分为单一企业、多元企业、经济联合体、企业集团、连锁企业；③根据所有制形式可分为全民所有制企业、集体企业、私营企业、混合所有制企业、外商投资企业（包括中外合资经营企业、中外合作经营企业和外商独资企业）；④根据企业的行业性质可分为工业生产企业、商品经营企业、服务企业；⑤根据企业生产经营领域可分为工业企业、商业企业、生产型企业、流通型企业、服务型企业和金融型企业；⑥根据企业规模可分为大型企业、中型企业、小型企业。

5.2 企业的组织架构

5.2.1 企业的组织架构形式

现代企业的组织架构是社会专业化分工发展的结果。亚当·斯密在《国富论》中就指出：分工可以提高专业化熟练程度，使每道工序的生产效率提高；分工的同时必然需要协作，否则将导致混乱，而使整个产品的生产效率下降；协作过程即组织过程。

企业的组织架构主要有以下几种形式。

1. 直线制

直线制是最早也是最简单的一种组织形式。它的特点是企业各级行政单位从上到下实行垂直领导，下属部门只接受一个上级的指令，各级主管负责人对所属单位的一切问题负责。直线制组织架构如图 5-1 所示，厂部不另设职能机构，一切管理职能基本上都由行政主管自己执行。直线制组织架构的优点是：结构比较简单，责任分明，命令统一。缺点是：它要求行政负责人通晓多种知识和技能，亲自处理各种业务。这在业务比较复杂、企业规模比较大的情况下，把所有管理职能都集中到最高主管一人身上，显然是不合理的。因此，直线制只适用于规模较小、生产技术比较简单的企业，对生产技术和经营管理比较复杂的企业并不适宜。

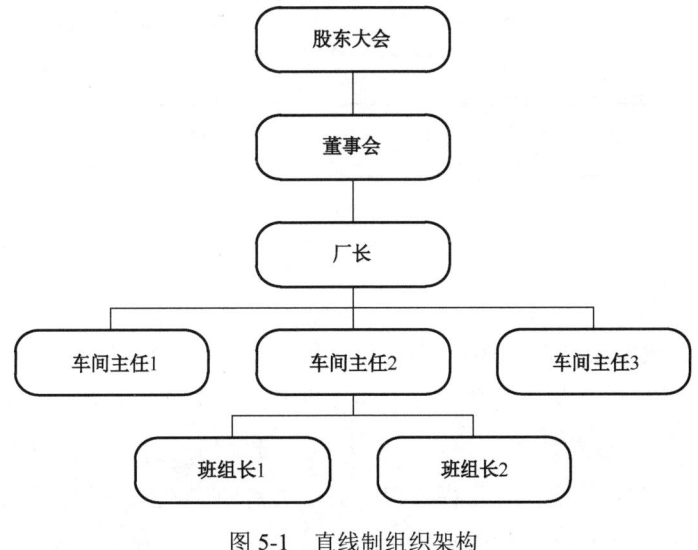

图 5-1 直线制组织架构

2. 职能制

职能制组织架构，是指企业内各级行政单位除设立主管负责人外，还相应地设立一些职能机构，例如在厂长下面设立职能机构和人员，协助厂长进行职能管理工作。这种结构要求行政主管把相应的管理职责和权力交给相关的职能机构，各职能机构就有权在自己业务范围内向下级行政单位发号施令。因此，下级行政负责人除了接受上级行政主管的指挥，还必须接受上级各职能机构的领导。职能制的优点是：能适应现代化工业企业生产技术比较复杂、管理工作比较精细的特点；能充分发挥职能机构的专业管理作用，减轻直线领导人员的工作负担。但缺点也很明显：它妨碍了必要的集中领导和统一指挥，形成了多头领导；不利于建立和健全各级行政负责人和职能科室的责任制，在中间管理层往往会出现有功大家抢、有过大家推的现象；另外，在上级行政领导和职能机构的指导或命令发生矛盾时，下级会无所适从，影响工作的正常进行，容易造成纪律松弛、生产管理秩序混乱。由于这种组织架构的明显缺陷，现代企业一般都不采用。职能制组织架构如图 5-2 所示。

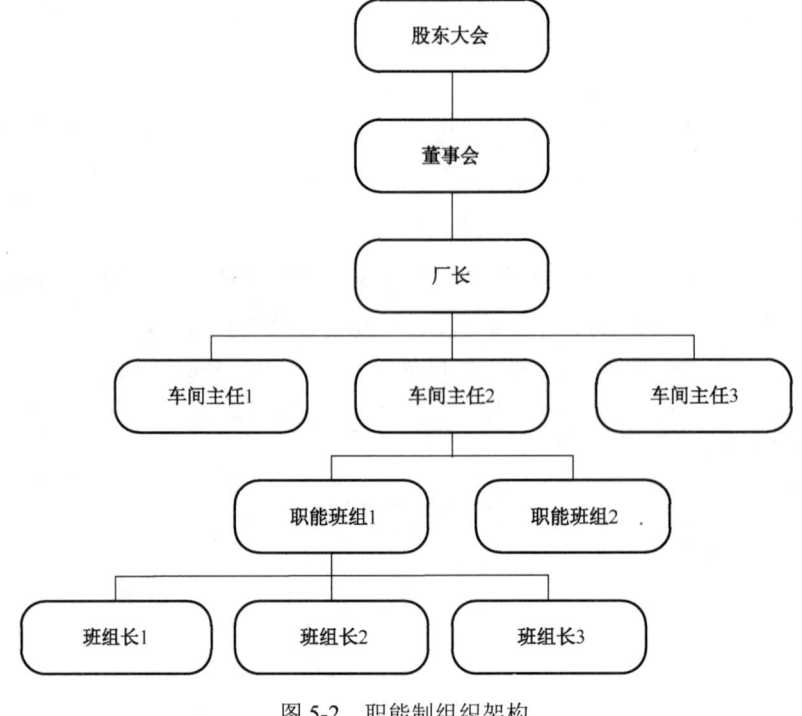

图 5-2　职能制组织架构

3. 直线—职能制

直线-职能制，也叫生产区域制，或直线参谋制。它是在直线制和职能制的基础上，取长补短，吸取这两种形式的优点而建立起来的。目前，我国绝大多数企业都采用这种组织架构形式。这种组织架构形式是把企业管理机构和人员分为两类：一类是直线领导机构和人员，按命令统一原则对各级组织行使指挥权；另一类是职能机构和人员，按专业化原则，从事组织的各项职能管理工作。直线领导机构和人员在自己的职责范围内有一定的决定权和对所属下级的指挥权，并对自己部门的工作负全部责任。而职能机构的相关人员，则是直线指挥人员的参谋，不能对直接部门发号施令，只能进行业务指导。直线–职能制组织架构如图 5-3 所示。

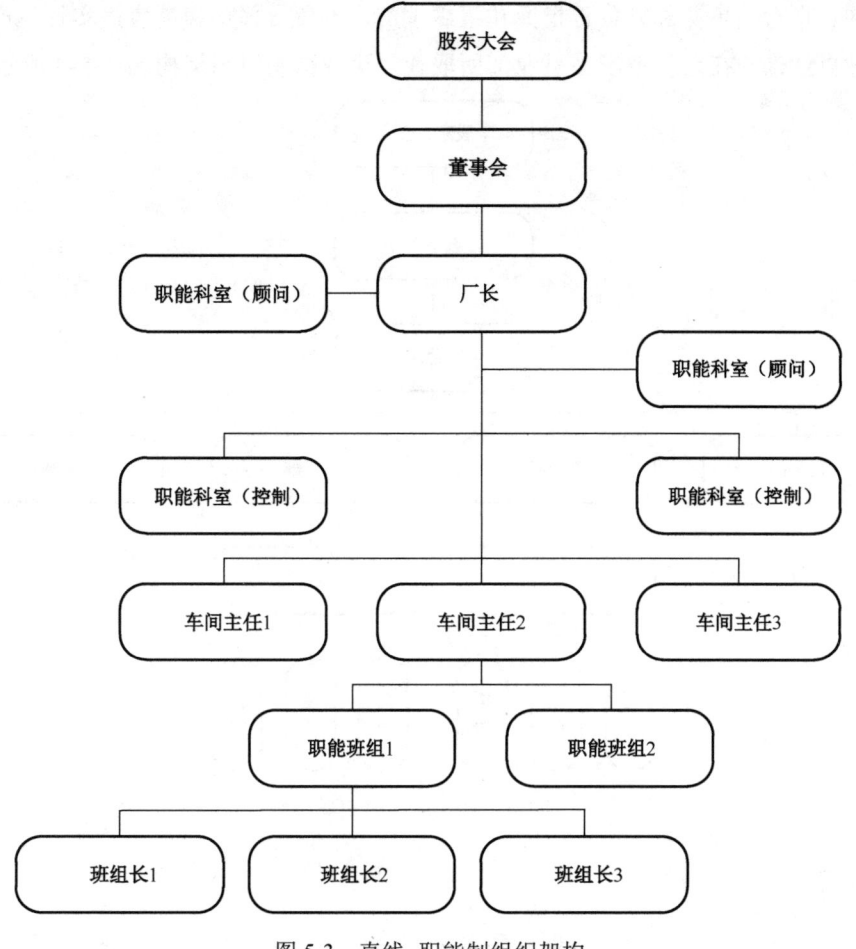

图 5-3　直线–职能制组织架构

直线–职能制的优点是：既保证了企业管理体系的集中统一，又可以在各级行政负责人的领导下，充分发挥各专业管理机构的作用。其缺点是：职能部门之间的协作和配合性较差，职能部门的许多工作要直接向上级领导报告请示才能处理，这一方面加重了上级领导的工作负担，另一方面也造成办事效率低。为了克服这些缺点，可以设立各种综合委员会或建立各种会议制度，以协调各方面的工作，起到沟通作用，帮助领导出谋划策。

4. 事业部制

事业部制最早是由美国通用汽车公司总裁斯隆于 1924 年提出的，故有"斯隆模型"之称，也叫"联邦分权化"，是一种高度（层）集权下的分权管理体制。它适用于规模庞大、品种繁多、技术复杂的大型企业，是国外较大的联合公司所采用的一种组织形式，近几年我国一些大型企业集团或公司也引进了这种组织架构形式。事业部制是分级管理、分级核算、自负盈亏的一种形式，即一个公司按地区或按产品类别分成若干个事业部，从产品设计、原料采购、成本核算、产品制造，一直到产品销售，均由事业部及所属工厂负责，实行单独核算、独立经营，公司总部只保留人事决策、预算控制和监督大权，并通过利润等指标对事业部进行控制。也有的事业部只负责指挥和组织生产，不负责采购和销售，实行生产和供销分立，但这种事业部正在逐步被产品事业部所取代。事业部制组织架构如图5-4所示。

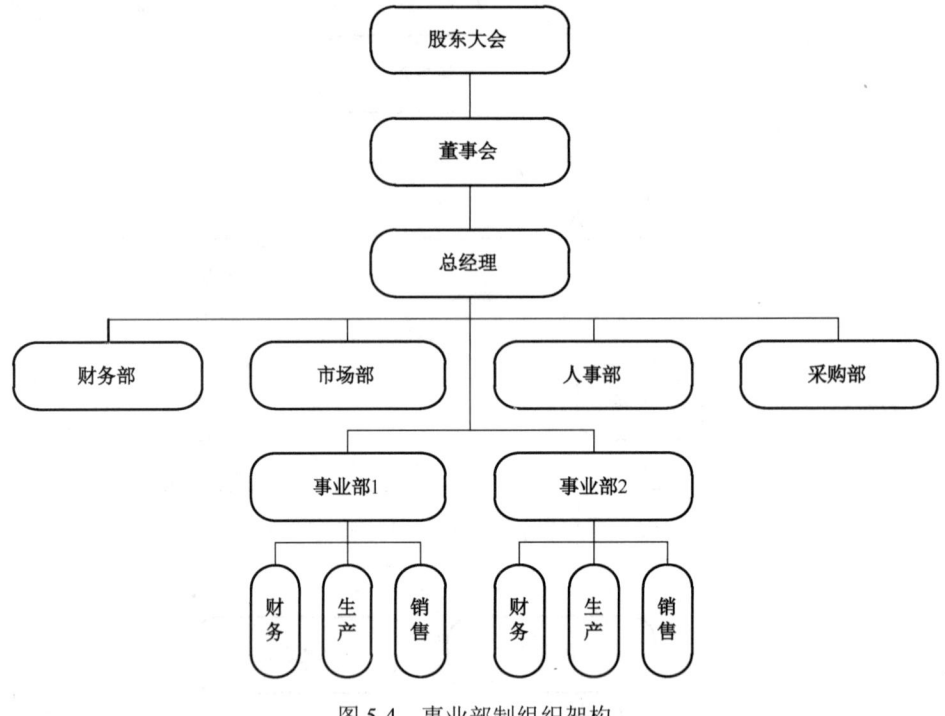

图 5-4 事业部制组织架构

5. 矩阵制

在组织架构上，把既有按职能划分的垂直领导系统，又有按产品（项目）划分的横向领导关系的系统，称为矩阵制组织架构。

矩阵制是为了改进直线—职能制横向联系差、缺乏弹性的缺点而形成的一种组织形式。它的特点表现在围绕某项专门任务成立跨职能部门的专门机构上。例如，组成一个专门的产品（项目）小组去从事新产品开发工作，在研究、设计、试验、制造各个不同阶段，由有关部门派人参加，力图做到条块结合，以协调有关部门的活动，保证任务的完成。这种组织架构形式是固定的，人员却是变动的，需要谁，谁就来，任务完成后就可以离开。项目小组和负责人也是临时组织和委任的，任务完成后就解散，有关人员回原单位工作。因此，这种组织架构非常适用于横向协作和攻关项目。矩阵制组织架构如图5-5所示。

矩阵制的优点是：机动、灵活，可随项目的开发与结束进行组织或解散；由于这种架构是根据项目组织的，任务清楚，目的明确，各方面有专长的人都是有备而来，因此在新的工作小组里，能沟通、融合，能把自己的工作同整体工作联系在一起，为攻克难关、解决问题而献计献策。由于从各部门抽调来的人员有信任感、荣誉感，使他们增加了责任感，激发了他们的工作热情，促进了项目的实现；它还加强了不同部门之间的配合和信息交流，克服了直线-职能制中各部门互相脱节的现象。

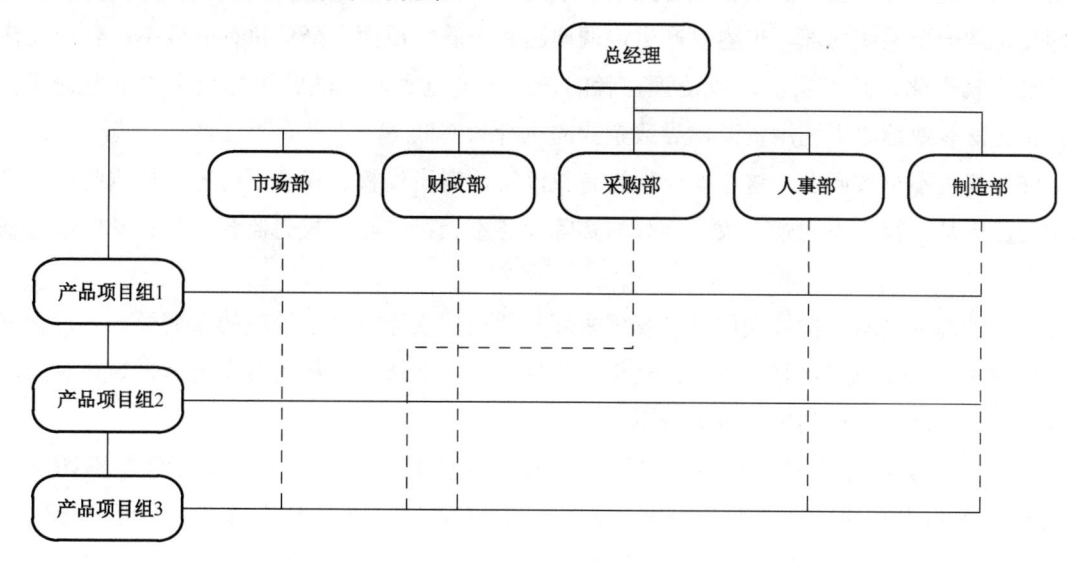

图 5-5　矩阵制组织架构

矩阵制的缺点是：项目负责人的责任大于权力，因为参加项目的人员都来自不同的部门，隶属关系仍在原单位，只是为"会战"而来，所以项目负责人对他们管理困难，没有足够的激励手段与惩治手段，这种人员上的双重管理是矩阵制的先天缺陷；由于项目组成员来自各个职能部门，当任务完成后仍要回原单位，因而容易产生临时观念，对工作有一定影响。

矩阵制适用于一些重大攻关项目。企业可以采用矩阵制组织架构来完成涉及面广的、临时性的、复杂的重大工程项目或管理改革任务。特别适用于以开发和实验为主的单位，尤其是应用型研究单位。

5.2.2　初创型企业组织架构设计存在的问题

企业进行组织架构设计，以达到企业总体业务分工的目的，组织架构设计得成功与否，关键在于能否体现组织管理的协同性和集中性。在企业成长的不同阶段，需要适时调整企业架构，以灵活应对企业现实存在的问题。初创型企业组织架构设计常存在以下问题。

（1）架构设计过于细化。对初创企业，组织架构设计过于细化，会导致企业管理运作僵化，协调问题突出，致使企业丧失成长期的灵活性；会导致分工过细，但初创企业的业务量均衡性差，导致企业人员的分工不当，造成不必要的人工成本浪费。因此，初创企业应抓住企业成长的关键因素进行组织架构设计，要有所为、有所不为，要集中管理资源，以系统为分工原则，推行大部门，强调部门内部消化解决问题的能力，强调大部门关键领导人的管理能力，这样高层的管理难度会降低，企业的执行力会得到有效加强。

第 5 章　企业组织架构　43

（2）架构设计过于扁平化，缺乏层次。企业组织架构扁平化，能提高企业的执行效率，但过于扁平化，特别是对初创企业，在各方面管理基础相对薄弱的情况下，会导致企业管理的集中性不足，往往会使企业管理者陷入繁杂的事务管理中，企业需要协调的事务很多，有时即使是同一个系统内部，也容易产生协调问题和矛盾，反而会降低执行的效率；企业架构设计过于扁平化、缺乏层次，致使管理者的管理幅度过大，无法针对性地集中精力进行管理，也无法有效地集中利用资源，导致企业的执行效率低下。

（3）权责不一致问题。这主要表现为有权没责、有责没权、权责不对等。导致此类现象的主要原因是：权责不明晰；权责划分与实际业务不相符；缺乏权力监督机制和责任追究制度。

（4）管理幅度与架构层次问题。管理幅度与架构层次涉及企业管理的纵横面，公司管理幅度宽窄不一，造成工作强度不一；架构层次性不强，造成工作权责分布失衡，导致企业部门经理工作量增大，部门整体效率低下。

（5）组织架构设计的均衡性与制衡性。部门中权力、责任、业务量等分布不均，导致缺乏应有的均衡性，造成强势或弱势部门，致使部门间协调力减弱；另外可能导致的问题就是部门间、上下级部门间的制衡性差，公司从整体上看缺乏部门之间的制衡机制和联动机制。

（6）管理权限的重叠与空白问题。管理权限的重叠导致的典型现象就是多头指挥，而企业分工不细或过于细化，也会导致管理空白的产生。

5.3 企业主要部门及其职责

不论企业是哪种类型的组织架构，营销部、采购部、制造部、财务部、人力资源部、信息部和技术部都是最基本和最重要的部门。这些部门职责的完成情况和它们之间的相互协作情况基本上决定了整个企业的绩效。

5.3.1 营销部及其职责

企业的利润是由销售收入带来的，实现销售是企业生存和发展的关键。而销售订单的取得依赖市场营销的力度。随着市场竞争的加剧，企业的销售工作越来越难做，人们发现单靠销售部门努力去推销很难实现企业的目标，必须采用与营销结合的方式才能不断推动企业的销售工作，实现企业的战略目标。

营销部的主要职责如下。

（1）产品开发，是指负责公司新产品的发展战略，即根据市场的需要，决定未来几年企业向市场提供什么样有价值的新产品，其工作重点是发现创新的源泉，完成新产品的需求定义。

（2）市场开发，是指负责现有产品的定位和市场推广战略，包括产品定位和价格策略。市场开发要给市场明确的信息：我们的产品与竞争对手的相比其价值体现在哪里。

（3）市场宣传，是指负责新老产品的具体宣传活动，例如广告、促销、产品介绍等，它的作用是树立品牌，激发市场需求，与市场有效地沟通。

（4）销售支持，是指向销售渠道，例如自己的销售队伍、代理商、零售商等提供支持，包括产品培训、竞争分析、销售技巧、销售工具等。

5.3.2 采购部及其职责

采购是企业运作的重要环节。据统计，产品成本的三分之一是物料成本，而采购成本是物料成本的绝大部分。此外，采购部承担着为企业获取资源的责任，以保证企业能连续生产运作。在信息化和市场竞争一体化的形势下，采购理念和职能都在不断更新，基于供应链模式下完成采购职能是采购管理的最有效方式。现代采购管理从职能管理转向流程管理、从采购管理转向供应链管理、从企业间交易性管理转向关系性管理、从零和竞争转向多赢竞争、从简单的多元化经营管理转向核心竞争力管理。供应链管理是采购管理职能中的重要内容。

采购部的主要职责如下：

（1）负责采购物料，以满足生产任务的需要，遵循"同等条件看质量，同等质量看价格，同等价格看信誉，同等信誉看远近"的比价原则，适当、适量、适质、适价、适地提供企业所需要的物料；

（2）负责采购物资的验收入库、储存、防护和交付投产；

（3）组织评价合格供方，建立合格供方名单，与供应商建立长期协作关系；

（4）建立合格供方质量记录，对供方实施动态管理，发挥供方的参与作用，确保采购产品质量受控。

5.3.3 制造部及其职责

制造部是企业价值创造的主要承担者，承担企业产品形成的功能。现代企业的生产要求及时快速地生产出市场需要的产品，而且成本要求越来越低，质量要求越来越高，生产管理在方法上不断创新，企业资源计划（Enterprise Resource Planning，ERP）、准时制生产（Just In Time，JIT）、全面质量管理以及 ISO9000 质量管理体系在企业生产管理中得到广泛应用，生产制造部门承担的职责不断强化，计划的准确性不断提高，企业精细化集成管理时代已经到来。

制造部的主要职责如下：

（1）生产计划管理，例如根据市场的订单需求制订企业的产品、零部件生产计划；

（2）负责质量控制和管理，保证企业产品的质量；

（3）控制生产过程中的成本要素，最大限度地降低生产成本；

（4）做好生产设备设施的更新改造，以保证生产能力能够满足生产的需要。

此外，生产制造部门通常还承担着安全、保卫和现场管理等职能，是企业资源使用最多、管理最复杂的部门。

5.3.4 财务部及其职责

财务部包括企业财务和会计的职能，是企业资金运转和利用的管理者。

财务部的主要任务如下：

（1）以企业战略目标为基础，利用最佳方式管理企业所需的资金，实现资金筹集的合理化；

（2）根据企业战略计划的要求有效分配和调度资金，确定合理的资金结构，确保资金调度的合理化和财务结构的健全化；

（3）在企业战略经营过程中，采取各种必要措施，利用适当的财务计划与控制方法，配合各个职能部门，充分有效地利用各种资金，加速资金周转，提高资金运用的效率，促进企业的成长；

（4）制订和实施财务战略计划，确定长期和短期财务目标，在合理筹集、分配和运用资金的同时，力求实现资金收益的最大化。

财务部的主要职责如下：

（1）筹集、管理资金，做好现金预算，管好、用好资金；

（2）企业日常收支和各项费用的记账、核算，特别是生产成本数据的收集、分类整理和计算；

（3）做好财务报表和财务分析、经营成果分析，给决策者提供企业经营的经济效果以及问题的相关数据信息，促进企业改善管理方法，提高资源利用效率，提高整个企业的经济效益。

5.3.5 人力资源部及其职责

人力资源是企业最重要的竞争资本。人力资源的管理也成为现代企业管理中最重要的方面，人力资源部的主要职责如下：

（1）建立并执行合理的人事管理制度，特别是绩效考核制度，以激发员工的积极性，提高员工的绩效，为企业的发展提供动力；

（2）倡导积极向上的企业文化，构建和谐的工作环境，为员工发挥才能提供良好的环境；

（3）挖掘员工的才干，为员工能力的不断提高提供学习环境和机会。

5.3.6 信息部及其职责

信息部是企业收集企业内部、市场、客户、竞争对手信息，以及收集国家即将推行的各种行业相关政策等信息的部门，信息的重要性在这个互联网时代已经不言而喻，谁能预先得到有价值的信息，谁就离成功更近一步。信息部的主要职责如下：

（1）收集企业内部资金、原料、生产等信息，以供股东及时掌控企业发展情况与企业发展方向；

（2）收集市场信息及客户的意见、需求，还有竞争对手的产品服务信息，以便企业制定战略；

（3）收集政府即将出台的与行业相关的政策，以便及时调整发展战略。

5.3.7 技术部及其职责

企业技术部主要是为企业研发新产品、开发产品新功能，维护企业内部信息化设备、企业生产设备、计算机、局域网络等通信设施等。技术部的主要职责如下：

（1）根据信息部门的信息研发新型产品或将产品在功能性上扩展以便抢占市场、降低成本、争夺客户资源；

（2）维护企业内部网络畅通和安全、维护企业通信设备和生产设备，保证其正常运行。

当然，除了以上部门，还有产品设计研发部门、仓储部门、运输部门，等等，企业可以根据自身的实际情况设置相应的部门。

5.4 企业的基本运作过程和运作管理目标

5.4.1 企业的基本运作过程

以制造型企业为例，其基本职能是为社会提供产品和服务，包括"投入－转换－产出"的过程，如图 5-6 所示。

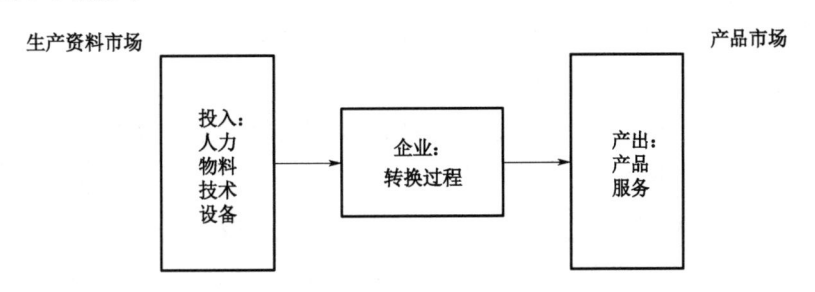

图 5-6 企业的基本运作过程

企业股东（投资人）建立企业，然后在生产资料市场上获取人力、物料、技术、设备等企业运作所需要的一切资源，通过企业生产出产品，投放到产品市场。在这个转化过程中，市场是重要的影响因素。在生产资料市场上，企业需要用最低的价格及时获得生产资料；在产品市场上，企业的产品必须适销对路，满足消费者的需要，有足够大的需求订单。当然，在企业内部的转化过程中，生产过程必须是高效的，也就是说，企业生产能够在最低成本代价下提供市场所需数量的、满足质量要求的产品。

5.4.2 企业运作管理的目标

企业运作管理的目标如下。

1. 保证/提高质量

质量被誉为企业生存的根本，企业发展的基石。没有产品质量，就没有市场，也就没有企业存在的必要。如何保证和提高质量，包括产品的设计质量、制造质量和服务质量，是现代企业生产经营管理的任务之一。

2. 准时适量生产

在现代化大生产中，生产所涉及的人员、物料、设备、资金等资源成千上万，如何将全部资源要素在它们被需要的时候组织起来，筹措到位，按照生产进度要求准时、适量地生产，是一项十分复杂的任务，这也是目前生产经营管理需要解决的主要问题。

3. 降低成本

要使产品价格既为顾客接受，又为企业带来一定利润，就需要最大限度地降低成本，这不仅涉及人员、物料、设备、能源、土地等资源的合理配置和利用，还涉及如何提高生产效率的问题。

为实现企业的职能，从原材料的输入到产品的输出包括了很多过程：①企业根据市场调研的情况，制定整个公司的战略，决定经营什么、生产什么；②通过产品规划和生产设施计划建设生产用的厂房和生产设施；③准备资金，即企业的财务计划和管理职能；④研制和设计产品以及工艺——进行技术活动，设计完成后即开始日常的运行；⑤购买物料和加工制造；⑥产品生产出来后，通过销售使价值得以实现——进行营销活动；⑦销售以后将得到的收入进行分配，其中一部分作为下一轮的生产资金，进入又一个循环。

在整个过程中有三个关键的职能过程：

（1）市场营销、引导新的需求、获得产品的订单是企业发展的源头；

（2）生产运作，即创造产品的过程；

（3）财务会计，即跟踪组织运作的状况、支付账单及收取货款。

这些过程（活动）对企业的经营来说都是必不可少的。每项职能对企业目标的实现都起着重要作用。一般来说，一个企业的成功不仅依赖于各个职能作用的发挥，还依赖于这些职能相互的协调程度。举例来说，假如生产部门与营销部门不能很好地配合，那么营销部门推销的可能是那些非营利的产品，或者生产部门正在制造的是那些没有市场需求的产品。同样，若无财务部门与市场部门的密切配合，当组织需扩大规模或购买设备时，可能会因资金无着落而难以实现。

5.5 模拟实训：在"创业之星"中熟悉企业组织架构和运作管理

5.5.1 企业组织架构的分布情况

单击"公司"或"大学生创业园"，进入企业内部，如图 5-7、图 5-8 和图 5-9 所示。

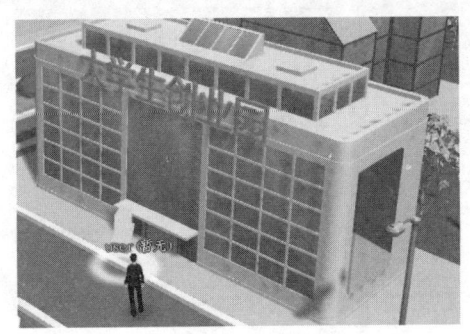

图 5-7 "公司"图标　　　　图 5-8 "大学生创业园"图标

企业组织架构如图 5-9 所示。

图 5-9 企业组织架构

第 5 章 企业组织架构　　49

5.5.2 企业各部门的情况

企业整体的运作情况可以在"总经理"处进行查询。企业财务部、研发部、人力资源部、市场部、制造部、销售部等各个部门的经营情况都可以在"总经理"处进行查询和了解。以财务部和市场部为例,其经营情况如图 5-10、图 5-11 所示。

图 5-10　财务部经营情况

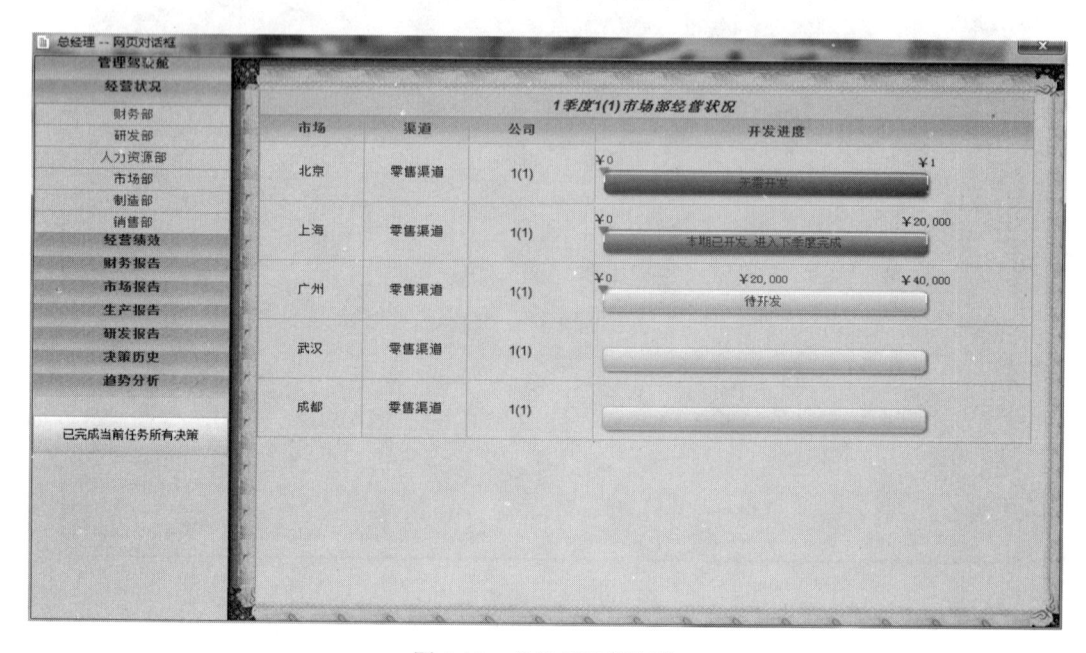

图 5-11　市场部经营情况

各个部门办公场所的详细位置如图 5-12 到图 5-19 所示。

图 5-12　财务部

图 5-13　总经理办公室

图 5-14　制造部

第 5 章　企业组织架构　　51

图 5-15　原料库、生产车间和成品库

图 5-16　研发部

图 5-17　人力资源部

图 5-18　销售部

图 5-19　市场部

第 5 章　企业组织架构

第6章 企业财务管理

6.1 财务管理的目标

财务管理是企业管理的一个重要部分,是有关资金的获得和有效使用的管理工作。财务管理的目标,取决于企业的总体目标,并且受财务管理自身特点的制约。

6.1.1 企业管理的目标

企业是营利性组织,其出发点和归宿是获利。企业一旦成立,就会面临竞争,并始终处于生存和倒闭、发展和萎缩的矛盾之中。企业必须生存下去才可能获利,只有不断发展才能求得生存。因此,企业管理的主要目标可以概括为生存、发展和获利。

1. 生存

企业只有生存,才可能获利。

企业生存的土壤是市场,包括商品市场、金融市场、人力资源市场、技术市场等。企业在市场中生存下去必备的两个基本条件,其一是以收抵支,其二是到期偿债。

(1)以收抵支。企业一方面付出货币,从市场上取得所需的资料;另一方面提供市场需要的商品或服务,从市场上获得货币。企业从市场获得的货币至少要等于付出的货币,才能继续经营,这是企业长期存续的基本条件。因此,企业的生命力在于它能不断创新,能以独特的产品或服务获得收入,并且不断降低成本,减少货币的流出。如果出现相反的情况,企业没有足够的货币从市场换取必要的资源,企业就会萎缩,甚至因无法维持最低的运营条件而终止。如果企业长期亏损,扭亏无望,就失去了存在的意义。

(2)到期偿债。企业为扩大业务规模或满足经营周转的临时需要,可以向其他个人或法人借债。企业如果不能偿还到期债务,就可能被债权人接管或被法院判定破产。

因此,企业生存的主要威胁来自两个方面:一是长期亏损,它是企业终止的内在原因;二是不能偿还到期债务,它是企业终止的直接原因。亏损企业为维持运营被迫进行偿债性融资,借新债还旧债,如不能扭亏为盈,迟早会因借不到钱而无法周转,从而不能偿还到期债务。盈利企业也可能出现无力支付的情况,例如借款扩大业务规模,冒险失败,为偿债必须出售不可缺少的厂房设备，使生产经营无法继续下去。

2. 发展

企业是在发展中求得生存的。

企业的生产经营犹如逆水行舟，不进则退。在科技不断进步的现代经济中，产品不断更新换代，企业必须不断推出更好、更新、更受顾客欢迎的产品，才能在市场中立足。在竞争激烈的市场上，各个企业此消彼长、优胜劣汰。一个企业如不能发展，不能提高产品或服务的质量，不能扩大自己的市场份额，就会被其他企业淘汰出市场。

企业的发展表现为扩大收入。扩大收入的根本途径是提高产品的质量，扩大销售的数量，这就要求不断更新设备、技术和工艺，并不断提高人员的素质，也就是要投入更多、更好的物质资源、人力资源，并改进技术和管理。

3. 获利

企业必须能够获利，才有存在的价值。

创立企业的目的是盈利，已经创立起来的企业，虽然有改善职工收入、改善劳动条件、扩大市场份额、提高产品质量、减少环境污染等多种目标，但是，盈利是最具综合能力的目标。盈利不但体现了企业的出发点和归宿，而且还可以影响其他目标的实现程度，并有助于其他目标的实现。

从财务上看，盈利就是使资产获得超过其投资的回报。在市场经济中，没有免费使用的资金，资金的每项来源都有其成本。每项资产都是投资，都应当是生产性的，要从中获得回报。财务管理工作务必须使企业正常经营产生的和从外部获得的资金能以产出最大的形式加以利用。

6.1.2 企业财务管理的目标

企业财务管理的目标是利润最大化、股东价值最大化。

1. 利润最大化

利润最大化观点认为：利润代表了企业新创造的财富，利润越多则说明企业的财富增加得越多，越接近企业的目标。

这种观点的缺陷是：没有考虑利润的取得时间；没有考虑所获利润和投入资本额的关系；没有考虑获取利润和所承担风险的关系。

2. 股东价值最大化

股东价值最大化观点认为：股东价值最大化或企业价值最大化是财务管理的目标。

股东创办企业的目的是扩大财富，他们是企业的所有者，企业价值最大化就是股东财富最大化。企业的价值，在于它能够给所有者带来未来报酬，包括所获股利和出售其股权换取现金。例如同商品价值一样，企业的价值只有投入市场才能通过价格表现出来。

6.2 财务管理的内容

财务管理是有关资金的筹集、使用和分配的管理工作。财务管理主要是资金管理，资金流转的起点和终点是现金，其他资产都是现金在流转中的转化形式。因此，财务管理的对象也可说是现金及其流转。财务管理也会涉及成本、收入和利润问题。从财务的角度来看，成本和费用是现金的耗费，收入和利润是现金的来源。

企业财务管理的目标是股东价值最大化。股东价值最大化的途径是提高报酬率和减少风险。企业的报酬率高低和风险大小又取决于投资项目、资本结构和股利政策。因此，财务管理的主要内容是投资决策、筹资决策和股利分配决策三个方面。

6.2.1 投资决策

投资是以收回现金并取得投资收益为目的而发生的现金流出，例如建造厂房、购置设备、增加产品、购买股本和债券等，企业都要发生现金流出，并期望取得更多的现金流入。

企业的投资决策按不同的标准可以分为以下类型：①直接投资和间接投资。直接投资是指把资金直接投放于生产经营性资产，以便获取营业利润的投资，例如购置设备、建造厂房等。间接投资是指把资金投放于金融性资产，以便获取股利或者利息收入的投资，例如购买政府公债、购买企业债券和股票等；②长期投资和短期投资。长期投资是指影响所及超过1年的投资，例如购买设备、建造厂房等。长期投资又称为资本性投资。用于股本和债券的长期投资，在必要时可以出售变现，而较难以改变的是生产经营性的固定资产投资。长期投资有时专指固定资产投资。短期投资是指影响所及不超过1年的投资，例如对应收账款、存货、短期有价证券的投资。短期投资又称为流动资产投资或营运资产投资。

6.2.2 筹资决策

筹资是指筹集资金，如企业发行股票、发行债券、取得借款、赊购、租赁等都属于筹资。筹资决策要解决的问题是如何取得企业所需要的资金，包括向谁、在什么时候、筹集多少资金等。筹资决策和投资、股利分配有密切关系，筹资的数量多少要考虑投资需要，在利润分配时加大保留盈余可减少外部筹资。筹资决策的关键是决定各种资金来源在总资金中所占的比重，即确定资本结构，以使筹资风险和筹资成本相匹配。

可供企业选择的资金来源有许多，按不同的标志分为以下几种。①权益资金和借入资金。权益资金是指企业股东提供的资金。它不需要归还，筹资的风险小，但其期望的报酬率高。借入资金是指债权人提供的资金。它要按期归还，有一定的风险，但其要求的报酬率比权益资金低。资本结构主要是指权益资金和借入资金的比例关系。一般来说，完全通过权益资金筹资是不明智的，不能得到负债经营的好处；而完全通过借入资金筹资也是不可取的，因为负债的比例大则风险也大，企业随时可能陷入财务危机。筹资决策的一个重要内容就是确定最佳资本结构。②长期资金和短期资金。长期资金是指企业可长期使用的资金，包括权益资金和长期负债。权益资金不需要归还，企业可以长期使用，属于长期资金。此外，长期借款也属于长期资金。有时，习惯上把 1 年以上 5 年以内的借款称为中期资金，而把 5 年以上的借款称为长期资金。短期资金一般是指 1 年内要归还的短期借款。一般来说，短期资金的筹集主要解决临时的资金需要，如在生产经营旺季所需资金比较多，可借入短期借款，渡过生产经营旺季则归还。长期资金和短期资金的筹资速度、筹资成本、筹资风险以及借款时企业所受的限制均有所不同。如何安排长期筹资和短期筹资的相对比重，是筹资决策要解决的另一个重要问题。

6.2.3 股利分配决策

股利分配是指在公司实现的净利润中，有多少作为股利发放给股东，有多少留在公司作为再投资。过高的股利支付率，影响企业再投资的能力，会使未来收益减少，造成股价下跌；过低的股利支付率，可能引起股东不满，股价也会下跌。股利决策受多种因素的影响，包括税法对股利和出售股票收益的不同处理、未来公司的投资机会、各种资金来源及其成本、股东对当期收入和未来收入的相对偏好等。根据具体情况确定最佳的股利政策，是财务决策的一项重要内容。

6.3 认识三大财务报表

通俗地说，财务报表就是一套包括了企业全部财会信息的表格。在企业日常的会计核算中，企业所发生的各项经济业务都已按照一定的会计程序，在有关的账簿中进行全面、连续、分类、汇总地记录和计算。企业在某一特定日期的财务状况和一定时期内的经营成果，在日常会计记录里已经得到反映。但是，这些日常核算资料数量太多，而且比较分散，不能集中地、概括地反映企业的财务状况与经营成果。企业的管理者、投资者、债权人和财政、税务等部门以及其他与企业有利害关系的单位和个人，不能直接使用这些比较分散的会计记录来分析评价企业的财务状况和经营成果，据以做出正确的决策。为此，就有必要定期地将日常会计核算资料加以分类调整、汇总，按照一定的表格形式编制会计报表，总括、综合地反映企业的经济活动过程和结果，为有关方面进行管理和决策提供所需的会计信息。

企业应当以持续经营为基础，根据实际发生的交易和事项，按照《企业会计准则》和其他各项会计准则的规定进行确认和计量，并在此基础上编制财务报表。财务报表至少应当包括资产负债表、利润表和现金流量表。

6.3.1 资产负债表

资产负债表是反映企业在某一特定日期的财务状况的报表。资产负债表是某一时间企业的健康体检报告。资产负债表应当按照资产、负债和所有者权益（或者股东权益）分类分项列示。它表明会计主体在某一特定日期所拥有或控制的经济资源、所承担的现有义务和所有者对净资产的要求权。通过资产负债表，可以了解企业拥有或控制的资产总额及其构成情况，企业负责和所有者权益状况；评价企业的偿债能力和筹资能力；考察企业资本的保全和增值情况；分析企业财务结构的优劣和负债经营的合理程度；预测企业未来的财务状况和财务安全程度等。

资产负债表是一张静态的会计报表，反映的是某一时点（如月末、季末、年末）的企业财务状况。资产负债表包括三类项目：资产、负债、所有者权益。它根据会计方程式"资产=负债+权益"并按照一定的分类标准和一定的次序，把企业在某一特定日期的资产、负债和所有者权益各项目予以适当排列而成，如表6-1所示。

表 6-1 资产负债表

编制单位： 　　　　　　　　　　　　年　月　日　　　　　　　　　　　单位：元

资产	期末余额	年初余额	负债和所有者权益	期末余额	年初余额
流动资产			流动负债		
			非流动负债		
非流动资产			负债合计		
			所有者权益合计		
资产总计			负债和所有者权益合计		

从功能上说，资产负债表主要有四个方面的作用。

1. 反映资产及其分布状况

资产负债表能够反映企业在特定时点拥有的资产及其分布状况。它表明企业在特定时点所拥有的资产总量有多少，资产是什么。例如，流动资产有多少，固定资产有多少，长期投资有多少，无形资产有多少，等等。

2. 表明企业所承担的债务及其偿还时间

资产负债表能够表明企业在特定时点所承担的债务、偿还时间及偿还对象。如果是流动负债，就必须在1年内偿还；如果是长期负债，偿还期限就可以超过1年。因此，通过资产负债表可以清楚地知道，在特定时点企业欠了谁多少钱，该什么时候偿还。

3. 反映净资产及其形成原因

资产负债表能够反映在特定时点投资人所拥有的净资产及其形成的原因。净资产其实是股东权益，或者是所有者权益的另外一种叫法。在某一个特定时点，资产应该等于负债加上股东权益，因此，净资产就是资产减去负债。应该注意的是，可以说资产等于负债加上股东权益，但绝不能说资产等于股东权益加上负债，它们有着根本性的区别。因为会计规则特别强调先人后己，也就是说，企业的资产首先要用来偿还债务，剩下才归投资人所有。如果先讲所有者权益，就是先己后人，这在会计规则中是不允许的。

4. 反映企业财务发展趋势

资产负债表能够反映企业财务发展的趋势。当然，孤立地看一个时点数，也许反映的问题不够明显，但是如果把连续多个时点数排列在一起，企业财务发展的趋势就很明显。

6.3.2 利润表

利润表又称损益表，是反映会计主体一定期间生产经营成果（利润或亏损）的会计报表，是会计主体经营业绩的综合体现，也是进行利润分配的主要依据。

利润表把一定期间的营业收入与同一会计期间相关的营业费用进行配比，以计算出企业一定时期的净利润（或净亏损）。利润表中的收入、费用等情况反映了企业生产经营的收益和成本耗费情况，表明企业生产经营成果。利润表提供的不同时期的比较数字（本月数、本年累计数、上年数），可用于分析企业今后的发展趋势及获利能力，了解投资者投入资本的完整性。由于利润是企业经营业绩的综合体现，又是进行利润分配的主要依据，因此利润表是会计报表中的主要报表。

利润表是一个动态报告，其项目包括三大类：收入、费用、利润，三者遵循以下会计方程式：收入－费用＝利润。所有项目按照其重要性，将收入、费用和利润项目依次排列，并根据会计账簿日常记录的大量数据累积整理后编制而成。运用利润表可以分析、预测企业的经营成果、获利能力和偿债能力，分析、预测未来的现金流动状况，分析、考核经营管理人员的业绩，为利润分配提供重要依据，如表6-2所示。

表 6-2 利润表

编制单位： 　　　　　　　　　年　　　　　　　　　　　　单位：元

项　目	行次	本年金额	上年金额
一、营业收入	1		
减：营业成本	2		
营业税费	3		
期间费用（营业费用、管理费用、财务费用）	4		
二、营业利润（亏损以"－"号填列）	10		
加：营业外收入	11		
减：营业外支出	12		
三、利润总额（亏损总额以"－"号填列）	13		
减：所得税	14		
四、净利润（净亏损以"－"号填列）	15		

利润表的作用如下。

1. 反映企业在一定期间的经营成果

利润表可以反映企业在一定期间的经营成果，或者说它可以反映企业这段时间是赚钱了还是赔钱了，企业可以从中得到一个结果，以便评价自身的经营成果与效率水平，从而衡量自身在经营管理上的成功程度。

2. 有助于评价企业的获利能力

评价一个企业是否具有持久的盈利能力，主要看主营业务利润或营业利润。如果一个企业的主营业务利润多，或营业利润多，则企业具有盈利能力；如果企业的营业外收入很多，则可以认为企业能够创造利润，但不能判断企业是否具有盈利能力。根据利润表提供的经营成果数据，比较企业在不同时期以及与同行业的不同企业在相同时期的有关指标，分析与企业利润相关的情况，可以评估、预测企业的获利能力，从而做出相关决定。

3. 可以帮助判断企业的价值

对一个企业的价值进行衡量时，企业的获利能力通常是评价其价值的一个重要因素。例如，某企业是一个上市企业，该企业本身的价值与其获利能力是有联系的，所以可以借助获利能力来评价企业的价值。

4. 预测企业未来盈利变化的趋势

从横向看，利润表可以反映现金的来源与金额、企业的利息、有多少钱需要偿还，以及企业的利润，通过这些数字，可以预测企业未来的盈利能力。从纵向看，通过分析企业各项收入、成本、费用与利润的变动关系，可以预测企业今后的发展趋势和获利能力。

6.3.3 现金流量表

现金流量表是以现金为基础编制的财务状况变动表。它反映了会计主体在一定期间现金的流入和流出，表明会计主体获得现金和现金等价物的能力。它有直接法和间接法两种编制方法。现金流量表的基本结构如表 6-3 所示。其中经营活动产生的现金流量、投资活动产生的现金流量和筹资活动产生的现金流量对现金的影响如图 6-1 所示。

表 6-3 现金流量表

编制单位： 年度 单位：元

项 目	行次	本年金额	上年金额
一、经营活动产生的现金流量	1		
二、投资活动产生的现金流量	12		
三、筹资活动产生的现金流量	25		
四、汇率变动对现金的影响	35		
五、现金及现金等价物净增加额	36		
期初现金及现金等价物余额	37		
期末现金及现金等价物余额	38		

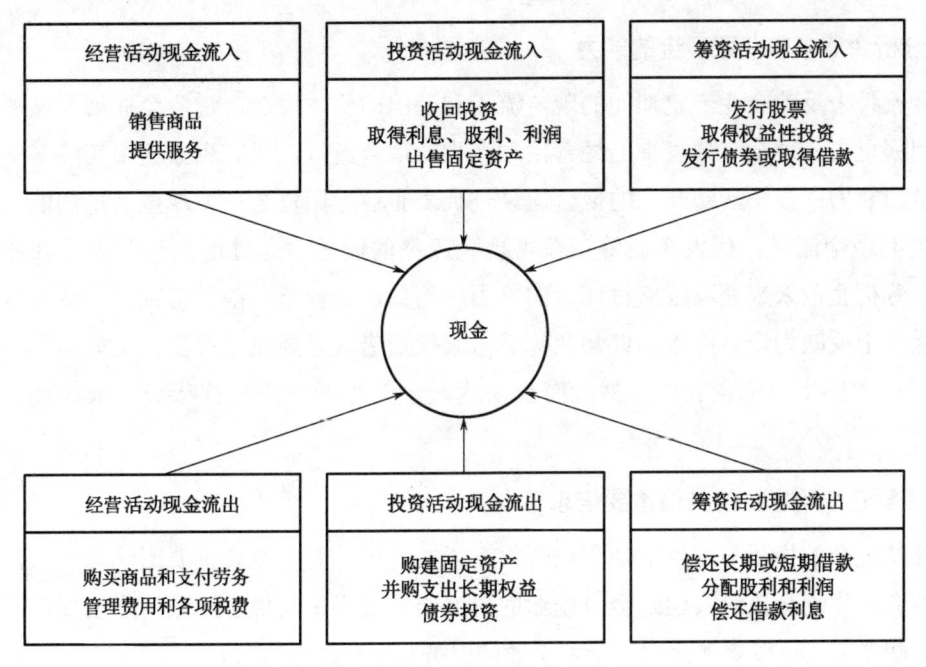

图 6-1　三类活动对现金的影响

透过现金流量表可以清晰地了解企业的经营情况，特别是现金的变化状况，其作用如下。

1. 反映企业净利润的含金量

现金流量表以现金为基础，真实地反映企业当期实际收入的现金、实际支出的现金以及现金流入流出相抵后的净额。通过分析利润表中本期净利润与现金流量的差异，可以正确评价企业的经营成果。

2. 分析企业的偿债能力和支付股利的能力

投资者投入资金、债权人提供企业短期或长期使用的资金，其目的主要是为了获利。通常情况下，报表阅读者比较关注企业的获利情况，并且往往以获得利润的多少作为衡量标准。企业获利多少在一定程度上表明了企业具有的现金支付能力。但是，企业在一定期间获得的利润并不代表企业真正具有偿债或支付能力。在某些情况下，虽然企业利润表上反映的经营业绩很可观，但财务困难，不能偿还到期债务；还有些企业虽然利润表上反映的经营成果并不可观，但却有足够的偿付能力。产生这种情况有诸多原因，其中会计核算采用的权责发生制、配比原则等所含的会计估计因素也是其主要原因之一。现金流量表完全以现金的收支为基础，消除了会计核算中由于会计估计等所产生的获利能力和支付能力。通过现金流量表能够了解企业现金流入的构成，分析企业偿债和支付股利的能力，增强投资者的投资信心和债权人收回债权的信心；通过现金流量表，投资者和债权人可以了解企业获取现金的能力和现金偿付的能力。

3. 分析企业未来获取现金的能力

现金流量表反映企业一定期间的现金流入和流出的整体情况，说明企业现金从哪里来，又运用到哪里去。现金流量表中的经营活动产生的现金流量，代表企业运用其经济资源创造现金流量的能力；投资活动产生的现金流量，代表企业运用资金产生现金流量的能力；筹资活动产生的现金流量，代表企业筹资获得现金流量的能力。通过现金流量表及其他财务信息，可以分析企业未来获取或支付现金的能力。例如，企业通过银行借款筹得资金，从本期现金流量表中反映为现金流入，但却意味着未来偿还借款时要流出现金。又如本期应收未收的款项，在本期现金流量表中虽然没有反映为现金的流入，但却意味着未来将会有现金流入。

4. 了解企业所发生的其他重要信息

不涉及现金的投资与筹资活动和现金收支无关，但却对企业有重要影响。一次活动发生的当期不会产生现金流量，但是会对企业的资产结构及未来的现金流量产生重要的影响。通过分析这些资料，可以更加全面地了解企业的财务状况及经营成果。

6.3.4 财务报表的作用

财务报表是财务报告的主要组成部分，它所提供的会计信息具有重要作用，主要体现在以下几个方面。

（1）全面系统地揭示企业一定时期的财务状况、经营成果和现金流量。有利于经营管理人员了解本单位各项任务指标的完成情况，评价管理人员的经营业绩，以便及时发现问题，调整经营方向，制定措施改善经营管理水平，提高经济效益，为经济预测和决策提供依据。

（2）有利于国家有关管理部门了解国民经济的运行状况。通过对各单位提供的财务报表资料进行汇总和分析，了解和掌握各行业、各地区经济的发展情况，以便宏观调控经济运行，优化资源配置，保证国民经济稳定持续发展。

（3）便于投资者、债权人和其他有关人员掌握企业的财务状况、经营成果和现金流量，进而分析企业的盈利能力、偿债能力、投资收益、发展前景等，为他们投资、贷款和贸易提供决策依据。

（4）有利于财政、税务、工商、审计等部门监督企业经营管理。通过财务报表可以检查、监督各企业是否遵守国家的各项法律、法规和制度，有无偷税漏税的行为。

三张财务报表各有作用，相互结合起来分析可以更全面地了解企业的经营状况、经营成果以及发展趋势。三张报表之间的关系：①资产负债表反映企业某一特定日期的财务状况，但无法解释财务状况形成的原因和过程；②利润表说明一定时期的经营成果，却无法表达经营成果是否与现金流量相匹配；③现金流量表是对资产负债表和利润表的补充和完善，现金流量表可以解释财务状况变动的原因和过程，并说明经营成果对财务状况的影响。

6.4 财务分析的含义和财务报表分析的方法

6.4.1 财务分析的含义

企业的三张基本财务报表可以全面系统地帮助你了解企业的财务状况、经营成果和现金流量的变化。但是报表的数字还是比较简单,要全面深入地对企业经营情况进行分析,发现经营管理中的问题,还需要对报表数据进行进一步的分析。

财务分析是以会计核算和报表资料及其他相关资料为依据,采用一系列专门的分析技术和方法,对企业等经济组织过去和现在有关筹资活动、投资活动、经营活动的偿债能力、盈利能力和营运能力进行分析与评价,帮助企业的投资者、债权人、经营者及其他关心企业的组织或个人了解企业过去、评价企业现状、预测企业未来,做出正确决策提供准确的信息或依据。

6.4.2 财务报表分析的方法

财务报表分析是一个认识过程,通常只能发现问题而不能提供解决问题的答案,只能做出评价而不能改善企业的状况。财务分析的目的是对企业的营运能力、盈利能力、偿债能力、发展能力做出系统的检查与评价,发现可能存在的问题。

财务报表分析的方法主要有比较分析法、比率分析法和因素分析法三种。

1. 比较分析法

比较分析法是财务分析中常用的一种基本分析方法,它是一种发现事物的差异,从而认识事物的科学方法。比较分析法是把两个经济内容相同、时间和地点不同的经济指标以减法的形式进行对比分析的一种分析方法。通过指标对比,具体说明企业会计资料的变动情况,有助于财务报表使用者对企业做出初步评价。

2. 比率分析法

比率分析法是通过计算各种比率指标来确定经济活动变动程度的分析方法。比率是相对数,采用这种方法,能够把某些条件下的不可比指标变为可以比较的指标,以利于进行分析。

3. 因素分析法

因素分析法是依据财务指标与其驱动因素之间的关系,从数量上确定各因素对指标影响程度的一种方法。公司是一个有机整体,每个财务指标的高低都受其他因素的驱动。从数量上测定各因素的影响程度,可以帮助人们抓住主要矛盾,或更有说服力地评价经营状况,如表6-4所示。

表 6-4 常用财务分析指标

分析维度	评价指标	
盈利能力分析	销售毛利率	销售毛利率=（销售收入-销售成本）/销售收入×100%
	销售净利率	销售净利率=净利润/销售收入×100%
	净资产收益率	净资产收益率=净利润/平均净资产×100%
	总资产报酬率	总资产报酬率=息税前利润总额/平均资产总额×100%
	成本费用利润率	成本费用利润率=利润总额/成本费用总额×100%
营运能力分析	总资产周转率	总资产周转率（次）=主营业务收入净额/平均资产总额 总资产周转期（天）=360/总资产周转率=360×平均资产总额/主营业务收入净额
	存货周转率	存货周转率（次）=主营业务成本/存货平均余额 存货周转期（天）=360/存货周转率=360×存货平均余额/主营业务成本
	应收账款周转率	应收账款周转率（次）=主营业务收入净额/应收账款平均余额 应收账款周转期（天）=360/应收账款周转率 =360×应收账款平均余额/主营业务收入净额
	固定资产周转率	固定资产周转率（次）=主营业务收入净额/平均固定资产净值 固定资产周转期（天）=360/固定资产周转率 =360×平均固定资产净值/主营业务收入净额
偿债能力分析	资产负债率	资产负债率=负债总额/资产总额×100%
	已获利息倍数	已获利息倍数=息税前利润总额/利息支出
	流动比率	流动比率=流动资产/流动负债×100%
	速动比率	速动比率=速动资产/流动负债×100%
发展能力分析	销售增长率	销售增长率=本年销售增长额/上年销售额×100%
	资本积累率	资本积累率=本年所有者权益增长额/年初所有者权益×100%
	三年资本平均增长率	三年资本平均增长率=（年末所有者权益总额 /三年前年末所有者权益总额-1）$^{1/3}$
	三年销售平均增长率	三年销售平均增长率=（当前主营业务收入总额 /三年前主营业务收入总额-1）$^{1/3}$

6.5 财务预算管理

财务预算是一系列专门反映企业未来一定期限内预计财务状况和经营成果，以及现金收支等价值指标的各种预算的总称。

财务预算是企业全面预算的一部分，它和其他预算是联系在一起的。企业要想更好地规避财务风险，实现企业的长远发展，就必须做好财务预算，并在编制预算时充分考虑财务风险对企业的影响，通过财务预算安排好资金的使用。

财务预算着眼于企业资金的运用，同时指导企业的筹资活动，并使企业合理安排财务结构。财务预算的核心是现金预算。现金预算通过对现金持有量的安排，使企业保持较高的盈利水平，同时保持一定的资金流动性，并根据企业资产的运用水平决定负债的种类结构和期限结构。

6.5.1 全面预算管理

全面预算反映的是企业未来某一特定期间（一般不超过一年或一个经营周期的全部生产、经营活动的财务计划），以实现企业的目标利润（企业一定期间利润的预计额，是企业奋斗的目标，根据目标利润制定作业指标，如销售量、生产量、成本、资金筹集数额等）为目的，以销售预测为起点，对生产、成本及现金收支等进行预测，并编制预计利润表、预计现金流量表和预计资产负债表，进而反映企业在未来期间的财务状况和经营成果。

全面预算是由一系列预算构成的体系，各项预算之间相互联系。图 6-2 反映了预算编制的顺序以及各预算间的主要联系。

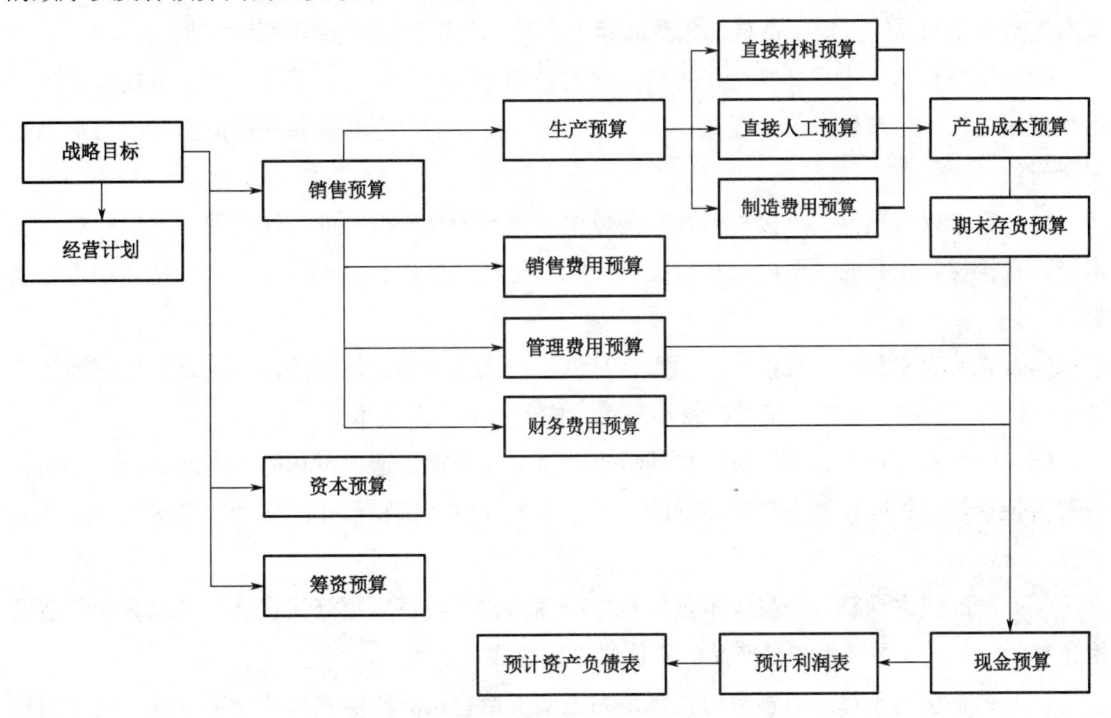

图 6-2　预算编制的顺序以及各预算间的主要联系

企业应以企业战略目标和经营计划为基础，根据长期市场预测和生产能力，编制长期销售预算，以此为基础，确定本年度的销售预算，并根据企业财力确定资本预算和筹资预算。销售预算是年度预算编制的起点，根据以销定产的原则确定生产预算，同时确定所需要的销售费用。生产预算的编制，除了考虑计划销售量，还要考虑现有存货和年末存货。根据生产预算来确定直接材料预算、直接人工预算和制造费用预算。产品成本预算和现金预算是有关预算的汇总。预计利润表和预计资产负债表是全面预算的综合。

实施全面预算管理对企业的意义：①提升战略管理能力；②有效监控与考核；③高效使用企业资源；④有效管理经营风险；⑤提高收入及节约成本。

6.5.2 现金预算的编制

现金预算用于预测企业还有多少库存现金，以及在不同时点上对现金支出的需要量。现金预算是企业最重要的一项控制措施，因为把可用的现金去偿付到期的债务是企业生存的首要条件。一旦出现库存、机器以及其他非现金资产的积压，即便有了可观的利润也并不能给企业带来什么好处。现金预算还能表明可用的超额现金量，并能为盈余制定营利性投资计划，为优化配置组织的现金资源提供帮助。

现金预算的具体内容如下。

（1）销售预算。只要商品经济存在，任何企业都必须实行以销定产。因此，销售预算就成为编制全面预算的关键，是整个预算的起点，其他预算都以销售预算为基础。

（2）生产预算。生产预算是在销售预算的基础上编制出来的，其主要内容有销售量、期初和期末存货、生产量。由于存在许多不确定性，企业的生产和销售在时间上和数量上不能完全一致。

（3）直接材料预算。直接材料预算是以生产预算为基础编制的，同时要考虑原材料存货水平。直接材料预算的主要内容有直接材料的单位产品用量、生产需用量、期初和期末存量等。

（4）直接人工预算。直接人工预算也是以生产预算为基础编制的，其主要内容有预计产量、单位产品工时、人工总工时、每小时人工成本和人工总成本。

（5）制造费用预算。制造费用按其特点，可分为变动制造费用和固定制造费用。变动制造费用预算是以生产预算为基础编制的，可根据预计生产量和预计的变动制造费用分配率来计算。

（6）产品成本预算。产品成本预算是生产预算、直接材料预算、直接人工预算和制造费用预算的汇总，其主要内容是产品的单位成本和总成本。

（7）销售费用预算。销售费用预算是为了实现销售预算所需支付的费用预算。它以销售预算为基础，分析销售收入、销售利润和销售费用的关系，力求实现销售费用的最有效使用。

（8）现金预算。现金预算是有关预算的汇总，由现金收入、现金支出、现金多余或不足、资金的筹集和运用四个部分组成。

（9）管理费用预算。管理费用预算是指企业日常生产经营中，处理一般管理业务所产生的费用预算。一般包括公司经费、工会经费、业务招待费、管理人员工资福利等。管理费用项目繁杂，在福利预算时，可在对往期实际支出分析的基础上，考虑预算费用项目变动情况和影响因素，确立各费用项目预计数额。

6.6 模拟实训：在"创业之星"中进行企业财务管理

企业财务部主要进行财务决策。决策内容主要包括银行贷款和账款贴现。

6.6.1 银行贷款操作实训

进入"公司场景"，单击"财务部"，其主要职责和任务都详细列出，如图 6-3 所示。

图 6-3　公司财务部界面

如图 6-4 和图 6-5 所示，若要申请贷款，输入金额，并单击"申请贷款"，弹出对话框"确定申请一笔金额为 100 000 的新借款吗？"确定后即完成贷款，贷款情况在页面下面的表格中详细显示出来，即表明借款成功。

图 6-4　申请贷款

第 6 章　企业财务管理

图 6-5　借款成功

申请贷款还可以在主场景中的"创业银行"中进行，如图 6-6 所示。

图 6-6　创业银行界面

6.6.2 账款贴现和法律法规查询

账款贴现界面如图 6-7 所示。

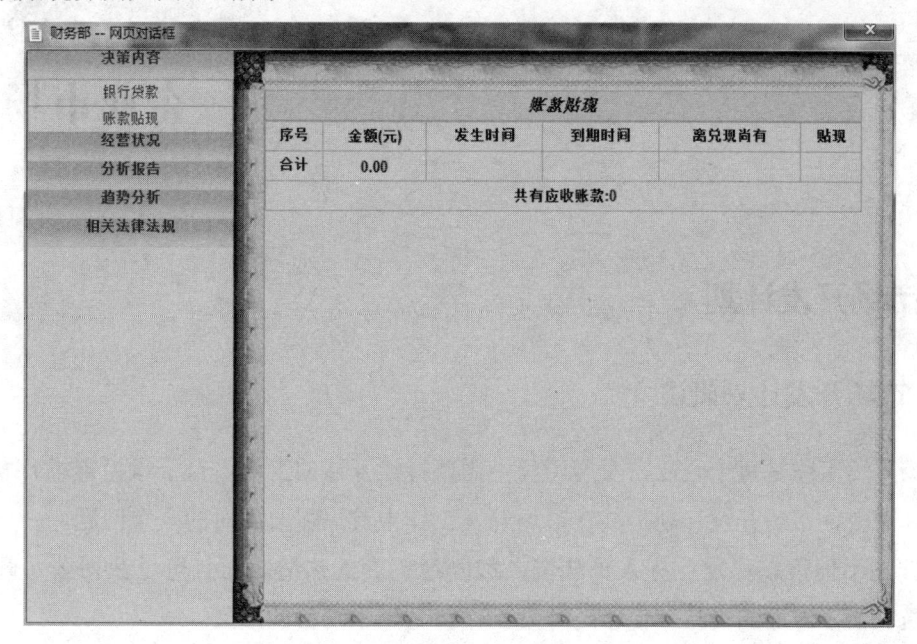

图 6-7 账款贴现界面

相关法律法规界面如图 6-8 所示。

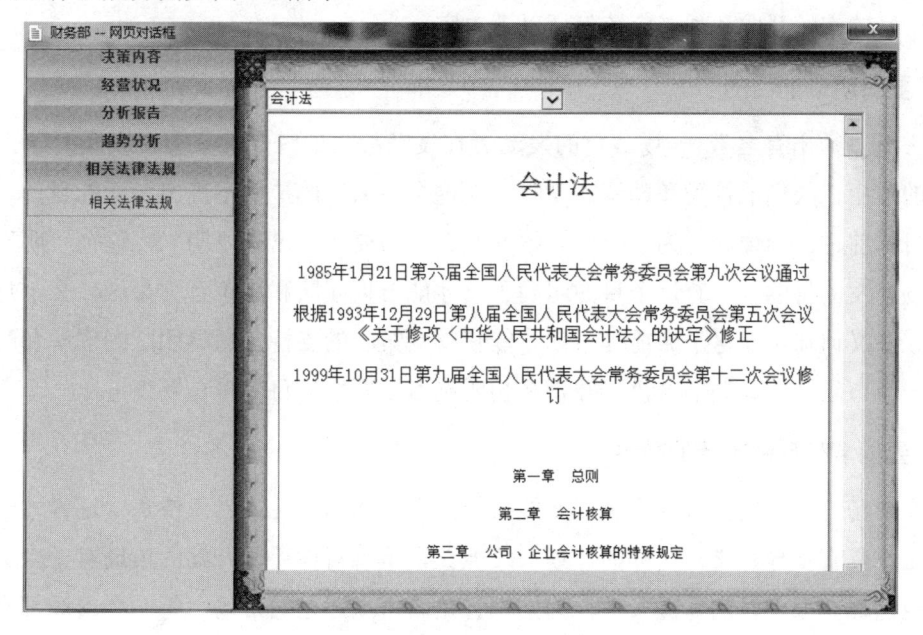

图 6-8 相关法律法规界面

第7章 企业市场营销

7.1 市场开发计划

7.1.1 市场开发计划概述

市场开发工作是每个企业在发展历程中需要持续开展的工作。对于承担市场开发工作的营销经理而言，市场开发计划是其在市场开发工作中首先需要面对的一个问题。一个好的市场开发计划不但可以稳定业务人员队伍，鼓励经销商的热情，而且可以获得公司政策、资源、人员等诸多方面的支持，使市场开发工作收到事半功倍的效果。

7.1.2 市场开发计划书的内容

一个好的市场开发计划书应该包括以下内容。

1. 要有明确的目的

常言道"师出有名"，一场战争的发动者在发动战争的时候往往会在发动时给出一个冠冕堂皇的理由让人们能接受和理解；同时，在这个"名"的掩盖下提出自己的目的，让执行者向着目标前进。同样，作为一个市场的开发者也需要"师出有'明'"，这个"明"就是要明确市场开发的目的，只有这个目的明确了，才能告诉团队和决策者你想做什么、你的目的是什么、意义何在，在这个大前提下你才能获得决策者的支持，赢得团队的理解和配合。因而对于一个市场开发计划书来讲，开篇之初明确市场开发的目的是首要任务。

2. 要能清晰反映市场的特性

一个市场开发计划在目的明确后要能找到这个市场的特性或者说特点，这样才能对市场的开发工作具有指导意义，这样的计划书才能让决策者对你所要开发的市场有一个大致的认识。这也是你获取资源的前提条件，因为不管是新市场还是老市场，每一个市场都有各自的特点。对于新市场来讲，由于完全没有了解，所以需要对新市场进行全面深入的认识；而对于老市场而言，随着时间的变化，各种情况也在发生着变化，过去的经验也可能成为后期的障碍，这就要对老市场进行全新的审视和了解。因而通过市场调查掌握第一手资料，对市场的全局有一个感性的认识和认知就是企业在市场开发前要做的首要工作。一般情况下，为了对市场的特性有正确的认识，在进行市场调查时要从以下几个方面入手：首先，对整体市场环境进行调查，了解市场人口容量、文化程度、年龄结构、当地经济特色等大的指标，以便确定购买者；其次，对经济环境进行调查，了解整体市场的消费能力和水平，为后期市场目标的确定提供依据；再次，对人文环境进行调查，了解消费者的消费动机、特点等相关指标，找到消费者；最后，对零售渠道和零售业态进行调查，了解主流市场，确定市场后期进攻的方向。通过这样的调查，我们就会对市场有一个清晰的认识和了解，通过分析找到所要开发市场的特性，找到后期工作的突破点。

3．要客观反映市场情况，找到进入市场的机会

市场竞争无处不在，每一个市场不可能只有一个品牌孤立地存在，企业会遇到不同的竞品，正是这些不同品牌的同类产品构成了市场的价格体系和竞争的格局，同时也造就了一个市场的氛围。对一个市场的开发，企业首先要正视这种格局和氛围的存在，从中了解并找到内在的和本质的东西，找到市场的空隙；其次，对于一个产品品类来讲，由于其实用功能的不同，对于消费者而言就会存在购买习惯和场所的选择；再次，由于时间或者销售时机的不同，市场开发所采取的方式和方法就会不同；最后，由于各种复合因素的相互作用，市场开发也就存在不同的变数，但是通过找到这些不同也就会找到市场的突破点、切入点和时机，成功的机会就会越大。因此，一个好的市场开发计划书要能真实反映这些问题，找到这些点，向决策者指出市场开发的机会所在，让决策者看到开发的希望，这样获取支持和实施的可能性就会加大。

4．要明确竞争对手，分析竞争对手的优劣势

不是所有的竞品都是本企业市场竞争的对手，只有和本企业旗鼓相当、品类接近的竞品才是真正的对手。因而明确竞争对手或者说找到竞争对手，就需要对市场的竞品进行斟酌和筛选，可能最终企业会找到一个或者两到三个对手。当出现多个竞争对手时就要找到那个对我们最具抗衡力的对手。找到了竞争对手就找到了超越的目标，市场的开发工作才更有针对性。明确竞争对手后，还要对对手有一个清晰的认识，对对手进行全面的分析，了解对手的优势、劣势、我方可利用的机会和对手给本企业带来的威胁，只有这样才能让对手完全暴露在自己面前，企业的市场开发计划才能有的放矢，市场开发的后期工作才能避实击虚。

5．要正视自身的优劣势

正确认识自身往往是最难的，要么高看——目空一切致使市场开发计划无法实施，付诸东流；要么低估——妄自菲薄造成不必要的资源浪费。因而在做市场开发计划时每一个营销经理必须对企业的情况了如指掌，正视自身的优劣势，这样才能在市场开发工作中或者在市场开发计划中制定符合自身的实施方案，扬长避短、发挥优势、克敌制胜。

6. 要阐明市场开发的原则

开发一个市场需要有一个明确的思路贯穿开发的全过程，并指导市场开发工作在既定的轨道上进行。市场开发的原则可以说就是后期市场开发工作的指导思想，这个原则不仅要符合市场的现状还要对后期的开发工作具有前瞻性的指导意义，因而对于市场开发计划来讲，市场开发的原则不仅是解决一个市场开发思路的问题，同时也是团队在市场开发中保持方向一致的重要因素，只有在原则确定的大前提下认识才能一致，开发手段才能更有效地发挥作用。

7. 要写出市场开发的步骤

市场开发不可能是一蹴而就的，它是一个渐进的过程，只有有阶段、有目标地去进行，才能夯实市场基础，获得圆满的成功。如果一次性定下过高的目标必然会造成两个弊端：一是容易造成业务人员急功近利的思想；二是一次性任务过重，完不成会损害业务人员的积极性，不利于市场的开发。因而对于市场开发计划工作而言，市场的开发计划书应该分阶段写出市场开发的步骤，明确每个阶段市场开发工作的重点任务和目标，调动经销商的热情和业务人员的激情，冲刺下一个新的目标。

8. 要明确所需的支持

市场开发必然会遇到种种困难，单靠一个业务人员的个人能力是无法完成的，需要企业、经销商和团队协同作战，才能实现，这就要求企业不仅要提供人力的支持，还要提供资金和政策的支持，才能实现开发目的。因而在开发计划书中必须明确市场开发工作需要公司给予人员、资金、政策等关键资源支持，市场开发才不是无源之水、无木之本。当然，对于企业进行的人员、资金、政策的投入，营销经理在市场开发计划书中必须明确人员如何分工、资金如何使用、政策如何运用等，并取得决策者认同，才能获得更好的信任与支持。

9. 要有可预见的效果、目标或对后期市场的影响

对于销售工作来讲，通过销售额、销售量、铺货率、投入产出比等具体数字和指标说话是对其工作成果的最好的证明，同时这些可以量化的数字也更具说服力。因而对于一个市场开发计划来讲，具体可量化的数字可以让决策者更直观地了解所开发市场的容量，不仅如此，通过对后期市场可预见的效果、目标和对市场影响的描述更能影响决策者的信心。

最后，一个好的开发计划，还需要营销经理深入市场，结合行业实际情况去完善其中的内容，同时也需要营销经理在制订市场开发计划书时多思多想。

7.2 广告宣传计划

7.2.1 广告宣传计划概述

广告宣传计划是企业对于即将进行的广告活动的规划，它是从企业的营销计划中分离出

来,并根据企业组织的生产与经营目标、营销策略和促销手段而制定的广告目标体系。

7.2.2 广告宣传计划内容

广告宣传计划一般包括以下几个内容。

(1) 情况分析。情况分析主要阐述如下内容:①广告产品以往在市场竞争中的情况,此次广告应解决的问题;②广告产品的市场情况,如它的竞争对手、市场的大小、市场饱和状况等。

(2) 广告目标。广告目标主要阐明该次广告预期达到的目标。广告目标一般以衡量广告受众在广告前后对广告产品的知名度、兴趣程度、偏爱程度的变化作为标准。制定广告目标时,广告主应列出一些具体数据,以便广告结束后进行效果测定。

(3) 媒体运用。媒体运用是指广告主根据广告产品的特性、消费者的情况,确定一种或多种广告媒体的合理运用。

(4) 促销活动。促销活动是指以辅助广告活动为目的的促销活动计划,如分发赠券、奖品等。

(5) 广告预算。广告预算是指广告主根据广告活动的规模预计广告活动的全部费用,做出应支付每种广告媒体的广告费明细表。

(6) 广告效果测定。广告效果测定是指测定该广告是否达到了它的预期目标,也就是广告目标。

7.3 产品销售计划

7.3.1 产品销售计划概述和内容

产品销售计划是指导企业在计划期内进行产品销售活动的计划。它规定企业在计划期内产品销售的品种、数量、销售价格、销售对象、销售渠道、销售期限、销售收入、销售费用、销售利润等。它是企业编制生产计划和财务计划的重要依据。企业的产品销售计划,是在进行市场调查和预测、了解社会和市场需求及企业生产可能的基础上,根据国家下达的收购任务、已签订的长期供货协议和订货合同、需求预测资料等,由销售部门或由销售部门会同生产部门编制完成。简明的销售计划至少应包含以下几点内容:①产品计划;②渠道计划;③成本计划;④销售单位组织计划;⑤销售总额计划;⑥推广宣传计划;⑦促销计划。

7.3.2 产品销售计划制订的原则

产品销售计划的制订,必须有依据,也就是要根据实际情况制订相关的产品销售计划。凭空想象、闭门造车、不切实际的销售计划,不但于销售无益,还会给销售活动和生产活动带来负面影响。制订产品销售计划，必须要有理有据，遵照以下基本原则：①结合本公司的生产情况；②结合市场的需求情况；③结合市场的竞争情况；④结合上一销售计划的实现情况；⑤结合销售队伍的建设情况；⑥结合竞争对手的销售情况。

7.4 模拟实训：在"创业之星"中进行企业市场营销策划

7.4.1 市场部决策和操作

进入"公司场景"，单击"市场部"进行市场决策设计。市场决策内容包括市场开发和广告宣传等。市场部界面如图 7-1 所示。

图 7-1 市场部界面

选择要开发的市场，单击"开发"，弹出"确定开发该渠道吗？"对话框，选择"确定"，显示结果如图 7-2 所示。若做出不开发决策单击"撤销"，弹出"本期已开发，进入下季度完成"，如图 7-3 所示。

图 7-2 市场开发

图 7-3 市场开发进度

市场开发的规则说明如图 7-4 所示。

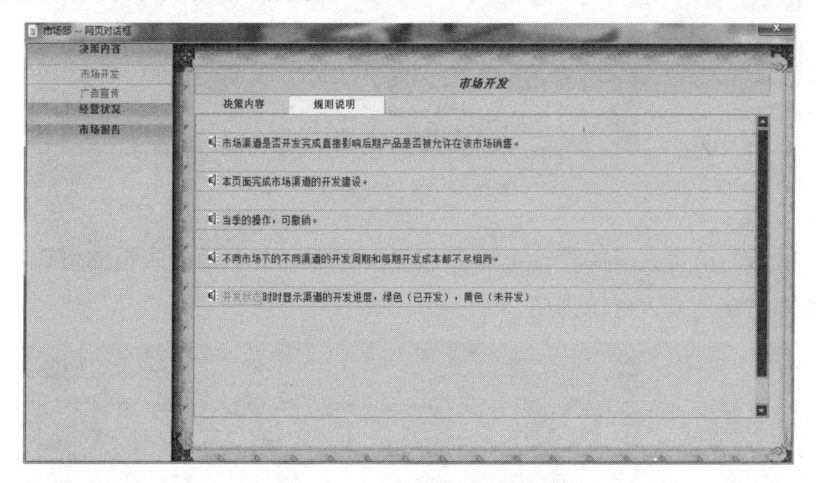

图 7-4 市场开发的规则说明

广告宣传界面如图 7-5 所示。

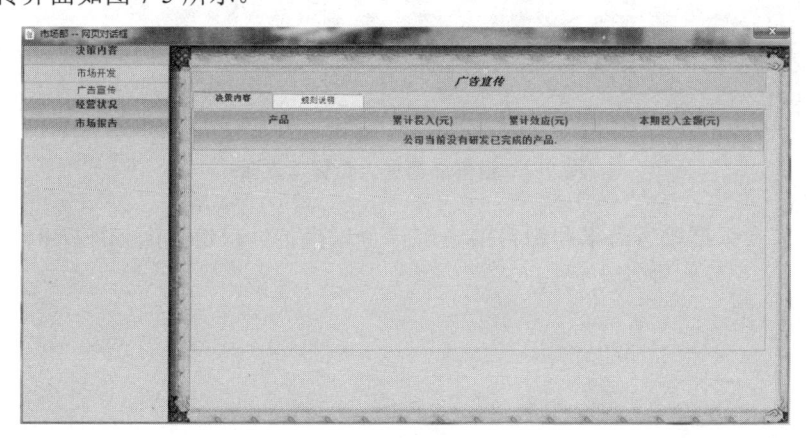

图 7-5 广告宣传界面

7.4.2 销售部决策和操作

进入"公司场景",单击"销售部"进行销售决策。销售决策内容包括销售人员和产品报价等。销售部界面如图 7-6 所示。

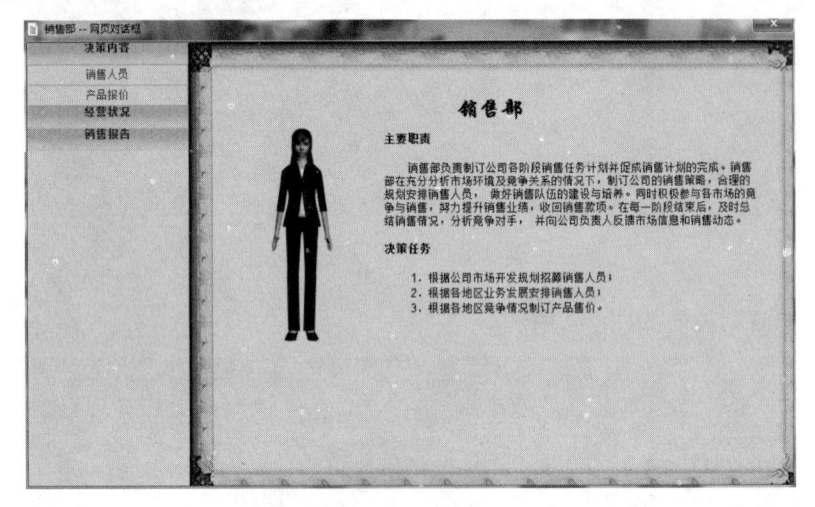

图 7-6 销售部界面

如图 7-7 所示,销售人员的管理可以在该界面进行。其中销售人员的培训和辞退需要先在本部门完成再提交到人力资源部门。

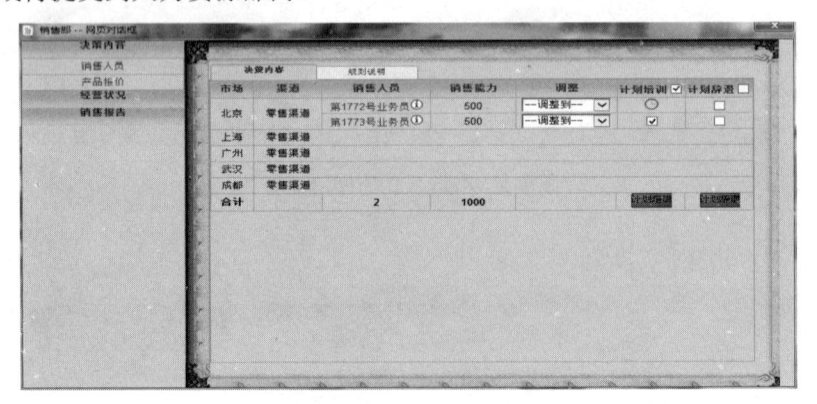

图 7-7 销售部销售人员管理界面

产品报价需要依据顾客需求和销售渠道进行合理报价。报价界面如图 7-8 和 7-9 所示。

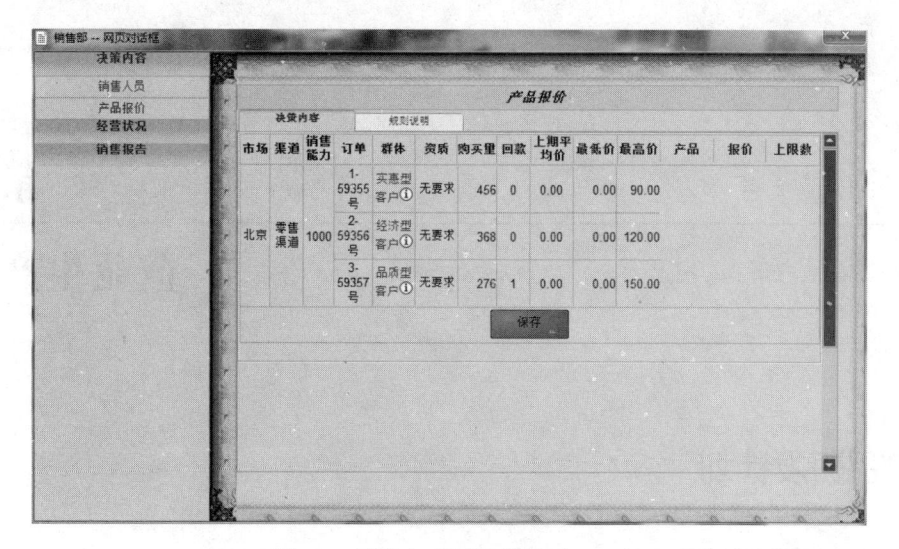

图 7-8 销售部产品报价界面（a）

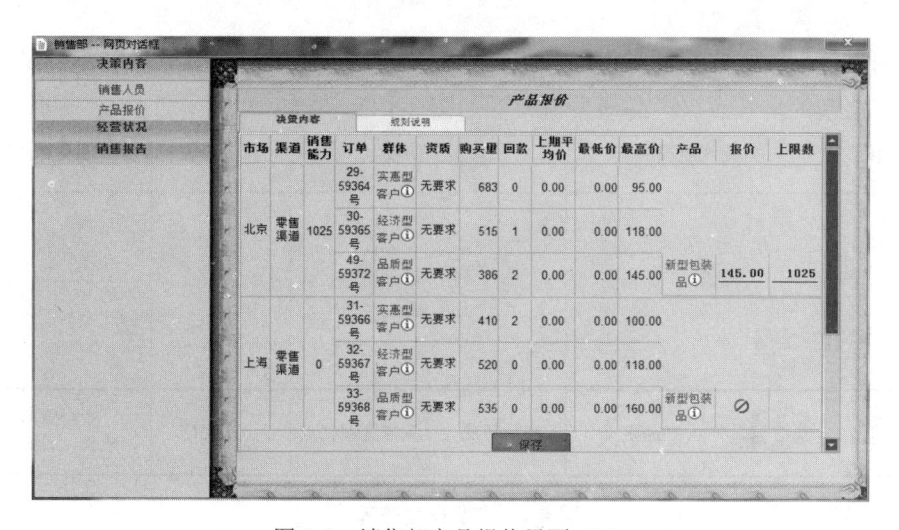

图 7-9 销售部产品报价界面（b）

第 8 章

企业生产管理

8.1 产品研发计划

8.1.1 产品研发计划概述

产品研发计划，主要是针对市场需求，以细分市场为基础，形成一个产品开发的整体思路，以期拓展新的增长点。产品研发流程图如图 8-1 所示。

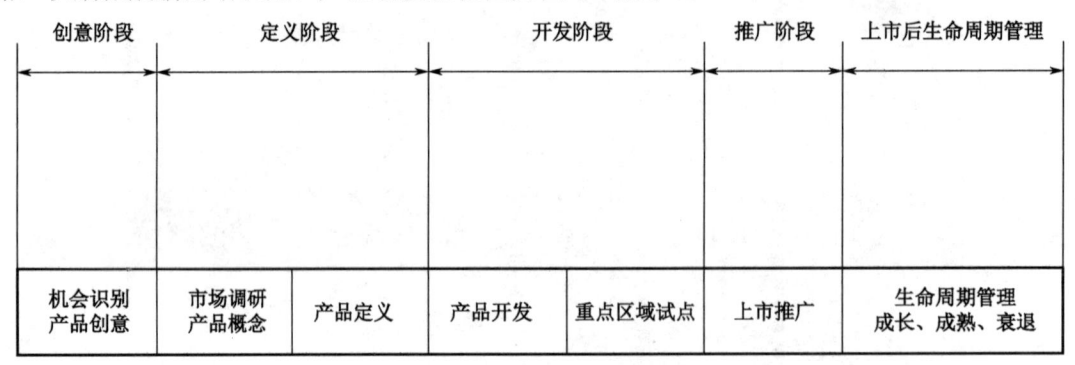

创意阶段	定义阶段	开发阶段	推广阶段	上市后生命周期管理
机会识别 产品创意	市场调研 产品概念	产品定义	产品开发	重点区域试点	上市推广	生命周期管理 成长、成熟、衰退

图 8-1 产品研发流程图

8.1.2 产品研发计划的内容

产品研发计划主要包括以下内容。

（1）目的。对新产品设计和开发的全过程进行控制，确保新产品能满足顾客的需求和期望及有关法律、法规的要求。

（2）适用范围。适用于对新产品设计和开发全过程的控制，包括定型产品的技术改进。

（3）明确职责。①研发中心：负责设计和开发全过程的组织、协调、实施工作，进行设计和开发的策划，确定设计和开发的输入、输出、评审、验证，确认更改，新产品的检验和试验；②研发中心主管：负责拟制及下达项目建议书、设计开发任务书、设计开发方案、设计开发计划书、设计开发评审、设计开发验证报告和试产报告；③营销中心：负责根据市场调查或分析，提供市场信息及新产品动向，协助所需物料的采购，负责新产品的试制和生产物资的采购及协调。

（4）工作程序。①设计和开发策划。设计和开发项目的来源：a.营销中心与顾客签订的新产品合同或技术协议，根据主管批准的合同评审表，研发中心主管提出项目建议书报技术经理审核，然后报总经理批准后，由研发中心主管向产品开发责任人下达设计开发任务书，并实施；b.研发中心根据市场调研或分析提出有关新产品的项目建议书，经主管审核后，报总经理批准，而后由研发中心主管向产品开发责任人下达设计开发任务书；c.研发中心根据技术革新需要，提交项目建议书，经经理审核后，报总经理批准。由研发中心经理向产品开发责任人下达设计开发任务书，产品开发负责人实施技术革新项目。②技术经理根据上述项目来源，确定项目负责人，将设计和开发策划的输出转化为设计开发方案和设计开发计划书。设计开发计划书内容包括：a.设计开发的输入、输出、评审、验证、确认等各阶段的划分和主要工作内容；b.各阶段人员的职责和权限、进度要求和配合单位；c.资源配置需求，如人员、信息、设施、资金保证等。③设计和开发策划的输出文件将随着设计和开发的进展，在适当时予以修订，应按文件控制程序的规定进行。④设计和开发各部门及有关人员之间的接口管理。设计和开发各部门及有关人员可能涉及企业内不同职能或不同层次，也可能涉及企业外部，因此技术经理应对参与设计和开发的各部门及有关人员之间的接口实施管理，以确保有效的沟通，并明确职责。应针对具体的设计和开发项目制定设计和开发人员的岗位职责，明确其职责和权限，明确其接口关系。⑤随着设计和开发的进展，对设计和开发阶段进行评审，填写设计开发评审报告。

（5）设计和开发输入。①设计和开发输入主要包括以下内容：a.产品的性能要求，主要来自顾客或市场的需求与期望，一般应包含在合同、订单或项目建议书中；b.适用的法律法规要求，对国家强制性标准一定要满足；c.以前类似设计提供的信息；d.设计和开发所必需的其他要求，包括安全、包装、运输、储存、维护及环境。②设计和开发的输入应形成文件，并填写设计开发输入清单，对设计和开发输入进行评审，以确保其充分性与适宜性。产品要求应完整、清楚，并且不能自相矛盾。

（6）设计和开发输出。项目责任人根据设计开发任务书、方案及计划书等开展设计开发工作，并编写相应的设计和开发输出文件。设计和开发的输出应以能够针对设计和开发的输入进行验证的方式提出，并应在放行前得到批准。设计和开发输出应包括：①满足设计和开发输入的要求；②给采购、生产和服务提供适当的信息；③包含或引用产品接收准则；④规定对产品的安全和正常使用所必需的产品特性。

（7）设计和开发评审。①在设计和开发的适宜阶段进行系统的、综合的评审，一般由设计项目责任人提出申请，技术经理组织相关人员和部门进行评审，以便评价设计和开发的结果满足要求的能力；识别任何问题，并提供必要的措施。②评审的参加者应包括与所评审的设计和开发阶段有关的职能部门的代表。评审后形成《设计开发评审报告》，对评审给出结论，经技术经理编制、总经理批准后分发给相关部门，相关部门根据需要采取相应的改进和纠正措施，研发中心负责跟踪并记录措施的实施情况，填在《设计开发评审报告》的相应栏目内。

（8）设计和开发验证。为确保设计和开发输出满足输入的要求，应依据所策划的安排对设计和开发进行验证。验证结果及任何必要措施的记录应予保存。①设计评审通过后，由研发中心提供工艺文件，确认样品试制所需的原材料及零件，提出采购清单交营销中心采购；生产部根据相关的设计要求制作样品；②研发中心提供检验标准或技术规范，同时负责对样品进行试验或送外部权威机构进行检测，出具相应的测试报告。根据试验和检测结果，编制《设计和开发验收报告》，形成验证结论，经总经理审批后发放到相关各部门，确认设计和开发项目任务书中每一项技术参数或性能指标都有相应的验证记录；③样品验证通过后，研发中心组织营销中心、生产部等对试产的可行性进行评审，编制《试产可行性报告》，经主管审批后由研发中心指导生产部进行小批量试生产；④研发中心对小批试产的产品进行检验和试验，出具相应的测试报告，并对其工艺进行验证，根据验证的情况，编制《试产总结报告》，经总经理审批后作为大批量生产的依据。

（9）设计和开发确认。①为了证实最终产品能够满足顾客规定的具体使用要求，试生产合格后的产品，由营销中心负责联系送交顾客进行试用，并提交《产品试用报告》，报告中应能够反映顾客对试产产品符合标准或合同要求满足程序及适用性的评价；②研发中心根据自行验证或将样品送国家权威机构进行检测出具的结果，以及顾客试用的报告等情况，采取相应的纠正及改进措施，确保设计和开发的产品满足顾客预期的使用要求，确保产品在交付顾客之前都已通过了确认。

（10）设计和开发更改的控制。①设计和开发的更改发生在设计、开发和产品的整个生命周期中，当需要更改时应予以确定，并形成文件，以保证更改受控，具体运作按文件控制程序执行；②在设计和开发更改时，必须对产品原材料的使用和加工过程，对产品的使用性能、安全性、可靠性和最终处置等方面带来的影响进行全面的评审、验证及确认，并经技术主管审核，总经理批准后方能实施，对更改的评审结果及任何必要措施的记录应予以保存。

8.2 物料需求计划

8.2.1 物料需求计划概述

物料需求计划（Material Requirement Planning，MRP）与主生产计划一样属于 ERP 计划管理体系，它主要解决企业生产中的物料需求与供给之间的关系，即无论是对独立需求的物料，还是相关需求的物料，物料需求计划都要解决"需求什么？现有什么？还缺什么？什么时候需要？"等几个问题。它是一个时段优先计划系统，其主要对象是决定制造与采购的净需求计划。它是由主生产计划推动运行的，但反过来，它又是主生产计划的具体化和实现主生产计划的保证计划。

由于物料需求计划是把主生产计划排产的产品分解为各个零部件的生产计划和采购件的采购计划，因此，制订物料需求计划前就必须具备以下基本数据：第一项数据是主生产计划，它指明在某一计划时间段内应生产出的各种产品和备件，它是物料需求计划制订的一个最重要的数据来源；第二项数据是物料清单（Bill of Material，BOM），它指明了物料之间的结构关系，以及每种物料需求的数量，它是物料需求计划系统中最基础的数据；第三项数据是库存记录，它把每个物料品目的现有库存量和计划接收量的实际状态反映出来；第四项数据是提前期，它决定着每种物料何时开工、何时完工。应该说，这四项数据都是至关重要、缺一不可的，缺少其中任何一项或任何一项中的数据不完整，物料需求计划的制订都将是不准确的。因此，在制订物料需求计划之前，这四项数据都必须先完整地建立好，而且保证是绝对可靠的、可执行的数据。

8.2.2　物料需求计划的制订过程

一般来说，物料需求计划的制订是遵照先通过主生产计划导出的有关物料的需求量与需求时间，然后，再根据物料的提前期确定投产或订货时间的计算思路。其基本计算步骤如下。

（1）计算物料的毛需求量，即根据主生产计划、物料清单得到第一层级物料品目的毛需求量，再通过第一层级物料品目计算出下一层级物料品目的毛需求量，依次一直往下展开计算，直到最低层级原材料毛坯或采购件为止。

（2）净需求量计算，即根据毛需求量、可用库存量、已分配量等计算出每种物料的净需求量。

（3）批量计算，即由相关计划人员对物料生产做出批量策略决定，不管采用何种批量规则或不采用批量规则，净需求量计算后都应该表明是否有批量要求。

（4）安全库存量、废品率和损耗率等的计算，即由相关计划人员来规划是否要对每个物料的净需求量做这三项计算。

（5）下达计划订单，即指通过以上计算后，根据提前期生成计划订单。物料需求计划所生成的计划订单，要通过能力资源平衡确认后，才能开始正式下达计划订单。

（6）再一次计算。物料需求计划的再次生成大致有两种方式：第一种方式是对库存信息重新计算，同时覆盖原来计算的数据，生成的是全新的物料需求计划；第二种方式则只是在制订、生成物料需求计划的条件发生变化时，才相应地更新物料需求计划有关部分的记录。这两种生成方式都有实际应用的案例，至于选择哪一种要看企业实际的条件和状况。

总之，物料需求计划模块是企业生产管理的核心部分，该模块制订的准确与否将直接关系到企业生产计划是否切实可行。

8.3 能力需求计划

8.3.1 能力需求计划概述

能力需求计划（Capacity Requirement Planning，CRP）是帮助企业在分析物料需求计划后生成一个切实可行的能力执行计划的功能模块。该模块帮助企业在现有生产能力的基础上，及早发现能力的瓶颈所在，提出切实可行的解决方案，从而为企业实现生产任务提供能力方面的保证。其实，能力需求计划制订的过程就是一个平衡企业各工作中心所要承担的资源负荷和实际具有的可用能力的过程，即根据各个工作中心的物料需求计划和各物料的工艺路线，对各生产工序和各工作中心所需的各种资源进行精确计算，得出人力负荷、设备负荷等资源负荷情况，然后根据工作中心各个时段的可用能力对各工作中心的能力与负荷进行平衡，以便实现企业的生产计划。

通常，编制能力需求计划的方式有无限能力负荷计算方式和有限能力负荷计算方式两种。无限能力负荷计算方式是指在不限制能力负荷的情况下进行能力计算，即从订单交货期开始，采用倒排的方式根据各自的工艺路线中的工作中心安排及工时定额进行计算。不过，这种计算只是暂时不考虑生产能力的限制，在实际执行计划过程中不管由于什么原因，如果企业不能按时完成订单，就必须采用顺排生产计划、加班、外协加工、替代工序等方式来保证交货期。这时，有限能力负荷计算方式就派上了用场。有限能力负荷计算方式就是假定工作中心的能力是不变的，把拖期订单的当期日期剩下的工序作为首序，向前按顺序排列，对后续工序在能力允许下采取连续按顺序排列不断地实现计划，以挽回订单交货期。

8.3.2 能力需求计划的制订流程

下面我们主要介绍一下能力需求计划的制订流程，以便更好地掌握能力需求计划模块。一般来说，编制能力需求计划遵照如下思路：首先，将 MRP 计划的各时间段内需要加工的所有制造件通过工艺路线文件进行编制，得到所需要的各工作中心的负荷；其次，再同各工作中心的额定能力进行比较，提出按时间段划分的各工作中心的负荷报告；最后，由企业根据报告提供的负荷情况及订单的优先级因素加以调整和平衡。

（1）收集数据。能力需求计划计算的数据量相当大，通常，能力需求计划在具体计算时，可根据 MRP 下达的计划订单中的数量及需求时间段，乘以各自的工艺路线中的定额工时时间，转换为需求资源清单，加上车间中尚未完成的订单中的工作中心工时，成为总需求资源。再根据现有的实际能力建立起工作中心可用能力清单，有了这些数据，才能进行能力需求计划的计算与平衡。

（2）计算与分析负荷。将所有的任务单分派到有关的工作中心上，然后确定有关工作中心的负荷，并从任务单的工艺路线记录中计算出每个有关工作中心的负荷。最后，分析每个工作中心的负荷情况，确认导致各种具体问题的原因所在，以便正确地解决问题。

（3）能力/负荷调整。解决负荷过小或超负荷能力问题的方法有三种：调整能力，调整负荷，以及同时调整能力和负荷。

（4）确认能力需求计划。在经过分析和调整后，将已修改的数据重新输入到相关的文件记录中，通过多次调整，在能力和负荷达到平衡时，确认能力需求计划，正式下达任务单。

8.3.3 能力需求计划工作的内容

能力需求计划工作的主要内容如下。

（1）厂房购置。在创业过程中，有多种厂房可供选择，厂房可以租用也可以购买。一般情况下，企业在初始阶段需要投资的地方较多，产品研发、市场开发、资质认证、营销推广等各项工作都需要大量现金支出。这时，厂房大都以租用为主，以避免占用过多的现金。随着企业生产规模的扩大和市场销售业绩的增长，企业的资金积累也逐步增加，资金不会像初始阶段那么紧张。由于租用厂房的租金较贵，使产品分摊的生产成本较高，减少了企业的利润，企业可以对原来租用厂房的方式进行调整，改为购买厂房的方式，以降低产品生产成本。

（2）生产线购置。生产线设备有多种类型可供选择，不同的生产线的性价比不同，生产产品产生的制造费用也不同。一般情况下，越是高端的生产线其性价比越高，分摊的制造费用也越低。生产线的组合方式主要取决于企业的现金状况，同时要考虑市场销售预测的情况。如果企业最初制订了成本领先战略，企业的主要目标是使产品的生产成本尽可能低，那么，在设备选择上应重点以高端设备为主。同时，为满足短期销售需要或临时性购买设备的需要，如当期增加产能满足销售需要，或者租用的厂房将来要退租，厂房内的设备需要搬迁到另一个厂房中，这种情况下高端的柔性生产线就缺乏必要的灵活性，这时可以辅以中低端生产线设备组合生产。所有的生产设备在生产过程中都会产生一些废品，越是高端的生产线设备其成品率越高。为了提升设备的性能与产能，在生产工人已经满负荷的情况下，可以通过设备改造升级来提升设备的成品率。生产线设备的总的生产能力主要由销售预测来决定，企业无须过多的生产设备，以免造成设备闲置，带来不必要的浪费。为了满足即将到来的销售旺季的销售需要，企业可以提前做好生产线设备的购置与安装。当然，在购买设备时，还要注意企业的现金流状况，避免出现资金缺口，以免因现金流的紧张而影响企业的其他管理工作。

（3）招聘生产工人。所有的生产线设备都需要招聘生产工人才能开工生产。所有的生产工人的能力在初始状态时都是相同的，不同的生产线设备可以最大安置的工人数量不同，生产线上工人总的能力就是每个工人最大生产能力的总和。一条生产线设备每个季度的最大产能，由生产线上工人总生产能力和设备的最大产能中较低的一方决定。因此，要计算生产线设备的实际产能,不仅要计算生产线额定最大产能(去掉加工中产生的废品),还要考虑工人的最大加工生产能力。设备产能不足,则对设备进行改造升级;工人能力不足,则对工人进行培训,以提升工人的生产能力。

8.4 主生产计划

8.4.1 主生产计划概述

对一个企业而言,经营计划的制订与否、效率高低通常会直接关系到该企业生产、经营效率的高低。ERP 作为一个利用现代企业先进管理思想,同时借助信息技术手段,为企业提供经营、决策的全方位、系统化的管理平台,其设计思想自然也是以计划为主线而展开的。一般来说,ERP 计划管理体系大致可以分为销售计划、生产加工计划、主生产计划、能力需求计划和物料需求计划等几个层次。其中,主生产计划(Main Production Schedule,MPS)是 ERP 系统计划的牵头模块,它是物料需求计划、能力需求计划和成本运作的主要模块,它决定着企业未来的工作负荷、库存投资、生产安排和交货时间,为车间制造与采购等工作提供计划方向,贯穿直到完成交货为止的整个生产制造过程。

8.4.2 主生产计划的基本功能

具体来说,主生产计划在企业经营管理中主要具有以下几项基本功能。

(1)把企业生产大纲同具体的作业计划联系起来。主生产计划就是通过对被制造的产品进行详细的计划,来决定企业"将要生产什么?生产多少?何时完成?"。它比生产大纲或生产规划更加详细而具体,是切合实际的、可实施的计划。

(2)主生产计划把企业管理层计划、物料需求计划、能力需求计划与日程计划连在一起,并且在整个计划过程中始终贯穿了财务成本控制的概念,对企业资源进行一体化的、全过程的计划。

(3)为生产计划管理者提供了一个"控制工具"。主生产计划是企业管理者控制之下最重要的一组计划数据,基于此,企业管理者对整个生产经营过程就有了控制、评价的依据。

一般来说,制订主生产计划遵照如下程序。首先,企业通过客户订单、预测、备品备件、厂际间需求、客户选择件及附加件、计划维修件等多种信息途径,收集产品需求信息,确定产品总需求。然后,企业根据总需求、现有库存量、企业计划等要素条件对需求产品进行搭配组合,确定每一个具体产品在每一个具体时间段的生产计划,提出初步的 MPS。接着,企业要对初步的 MPS 进行可行性论证,对关键资源进行平衡。一般采取的是粗能力计划核算的方法,即以关键资源为计划对象,评价主生产计划对关键资源的总影响,从而决定所需能力并测定出 MPS 是可行还是不可行的。如果某个部门或某个关键工作中心的负荷超出可用能力过大,就要对 MPS 采取必要的调整,如改变生产时间,重新进行模拟直到基本满意为止。这个过程一般要反复多次，调整后的 MPS 由主生产计划员确认后，才能作为提交批准或运行物料需求计划的根据。最后，企业负责部门对 MPS 进行相应的审核、批准，以保证 MPS 符合企业的经营规划。

8.4.3 主生产计划的基本原理和编制过程

MPS 是闭环计划系统的一个部分。MPS 的实质是保证销售规划和生产规划对规定的需求（需求什么，需求多少和什么时候需求）与所使用的资源取得一致。MPS 考虑了经营规划和销售规划，使生产规划同它们相协调。它着眼于销售什么和能够制造什么，这就能为车间制订一个合适的"主生产进度计划"，并且以粗能力数据调整这个计划，直到负荷平衡。

MPS 是 MRP 的输入，MRP 用来制订所需零件和组件的生产作业计划或物料采购计划，当生产或采购不能满足 MPS 的要求时，采购系统和车间作业系统就会把信息返回给 MPS，形成一个闭环反馈系统。

MPS 编制过程包括编制 MPS 项目的初步计划、进行粗能力平衡和评价 MPS 这三个方面。涉及的工作包括收集需求信息、编制 MPS、编制粗能力计划、评估 MPS、下达 MPS 等。制订 MPS 的基本思路，可表述为以下程序。

（1）根据生产规划和计划清单确定对每个最终项目的生产预测。它反映某产品类的生产规划总生产量中预期分配到该产品的部分，可用于指导 MPS 的编制，使 MPS 计划员在编制 MPS 时能遵循生产规划的目标。

（2）根据生产预测、已收到的客户订单、配件预测以及该项目的最终需求数量，计算毛需求量。需求的信息来源主要有当前库存、期望的安全库存、已存在的客户订单、其他实际需求、预测其他各项综合需求等。

（3）根据毛需求量和事先确定好的批量规则，以及安全库存量和期初预计可用库存量，自动计算各时段的计划产出量和预计可用库存量。

（4）自动计算可供销售量供销售部门机动销售选用。

（5）自动计算粗能力，用粗能力计划评价 MPS 方案的可行性。粗能力计划是对生产中所需的关键资源进行计算和分析。

（6）评估 MPS。一旦初步的 MPS 测算了生产量，测试了关键工作中心的生产能力并对 MPS 与能力进行平衡之后，初步的 MPS 就确定了。接下来的工作是对 MPS 进行评估。

（7）在 MRP 运算以及细能力平衡评估通过后，批准和下达 MPS。

值得一提的是，MPS 编排后不是一成不变的，它是一个随着市场变化不断增加或减少的持续的滚动计划，但这并不意味着企业生产计划人员可以低估它的价值。总之，MPS 在 ERP 系统中有着十分重要的作用，制订恰当合理、切合实际的 MPS 将能够帮助企业有效地减少库存、提高交货的及时率和生产效率。

8.5 产品生命周期管理

8.5.1 产品生命周期概述

产品生命周期（Product Life Cycle，PLC），是产品的市场寿命，即一种新产品从开始进入市场到被市场淘汰的整个过程。产品生命是指产品在市场上的营销生命，产品生命和人的生命一样，要经历形成、成长、成熟、衰退这样的周期。就产品而言，也就是要经历一个开发、引进、成长、成熟、衰退的阶段。典型的产品生命周期一般可以分成四个阶段，即引入期、成长期、成熟期和衰退期。

（1）第一阶段：引入期。引入期是指产品从设计投产直到投入市场进入测试阶段。新产品投入市场，便进入了引入期。此时产品品种少，顾客对产品还不了解，除少数追求新奇的顾客外，几乎无人实际购买该产品。生产者为了扩大销路，不得不投入大量的促销费用，对产品进行宣传推广。该阶段由于生产技术方面的限制，产品生产批量小，制造成本高，广告费用大，产品销售价格偏高，销售量极为有限，企业通常不能获利，反而可能亏损。

（2）第二阶段：成长期。当产品进入引入期，销售取得成功之后，便进入了成长期。成长期是指产品通过试销效果良好，购买者逐渐接受该产品，产品在市场上站住脚并且打开了销路。这是需求增长阶段，需求量和销售额迅速上升。生产成本大幅度下降，利润迅速增长。与此同时，竞争者看到有利可图，将纷纷进入市场参与竞争，使同类产品供给量增加，价格随之下降，企业利润增长速度逐步减慢，最后达到利润的最高点。

（3）第三阶段：成熟期。成熟期是指产品走入大批量生产并稳定地进入市场销售，经过成长期之后，随着购买产品的人数增多，市场需求趋于饱和。此时，产品普及并日趋标准化，成本低而产量大，销售增长速度缓慢直至下降。由于竞争的加剧，导致同类产品生产企业不得不加大在产品质量、花色、规格、包装、服务等方面的投入，在一定程度上增加了成本。

（4）第四阶段：衰退期。衰退期是指产品进入了淘汰阶段。随着科技的发展以及消费习惯的改变等原因，产品的销售量和利润持续下降，产品在市场上已经老化，不能适应市场需求，市场上已经有其他性能更好、价格更低的新产品，足以满足消费者的需求。此时成本较高的企业就会由于无利可图而陆续停止生产，该类产品的生命周期也就陆续结束，最终将完全退出市场。

8.5.2 产品生命周期管理的重要性和局限性

产品生命周期是一个很重要的概念，它和企业制定产品策略以及营销策略有着直接的联系。管理者要想使他的产品有一个较长的销售周期，以便赚取足够的利润来补偿在推出该产品时所做出的一切努力和经受的一切风险，就必须认真研究和运用产品的生命周期理论。此外，产品生命周期也是营销人员用来描述产品和市场运作方法的有力工具。但是，在开发市场营销战略的过程中，产品生命周期却显得有点力不从心，因为战略既是产品生命周期的原因又是其结果，产品现状可以使人想到最好的营销战略，此外，在预测产品性能时产品生命周期的运用也受到限制。

8.6 模拟实训：在"创业之星"中进行企业生产运作管理

8.6.1 研发部决策和操作

研发部也可以称为技术部。进入"公司场景"，选择"技术部"，界面如图 8-2 所示。研发部的决策内容包括产品设计和产品研发等。

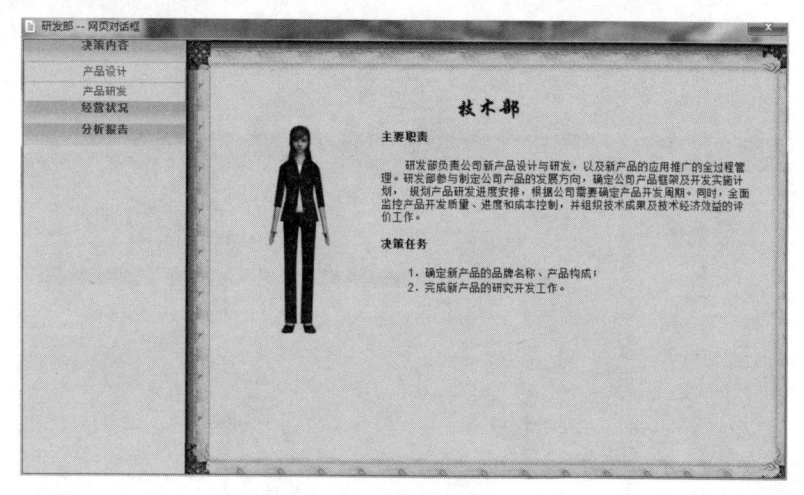

图 8-2 研发部或技术部界面

产品设计界面如图 8-3 所示，产品的设计需要给出新产品的名称，并从品质型客户、经济型客户和实惠型客户中选择出目标消费群体。

图 8-3 产品设计界面

第 8 章 企业生产管理　▶　87

对于不同的消费群体，其最大预算支出、关注与侧重点、产品功能诉求也各不相同，如图 8-4、图 8-5、图 8-6 所示。

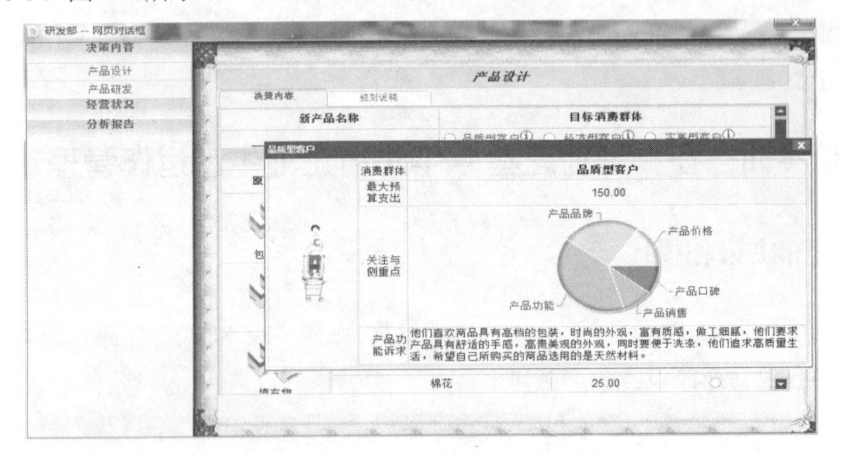

图 8-4　品质型客户

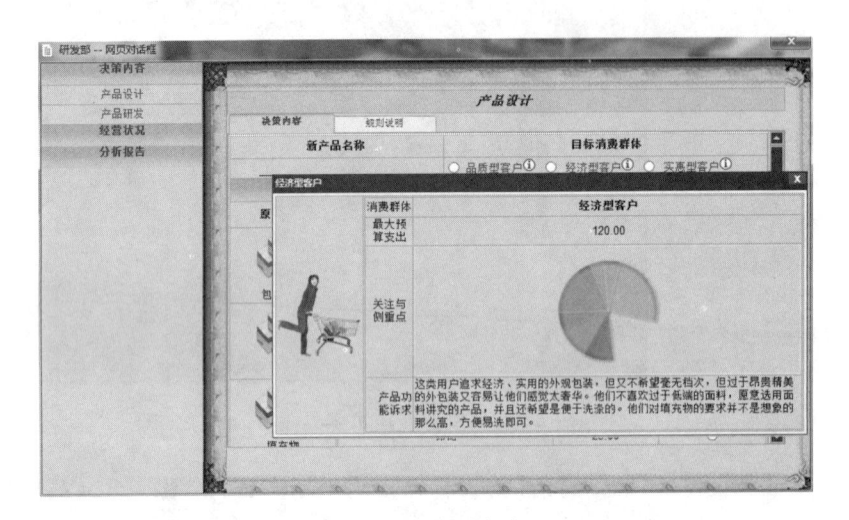

图 8-5　经济型客户

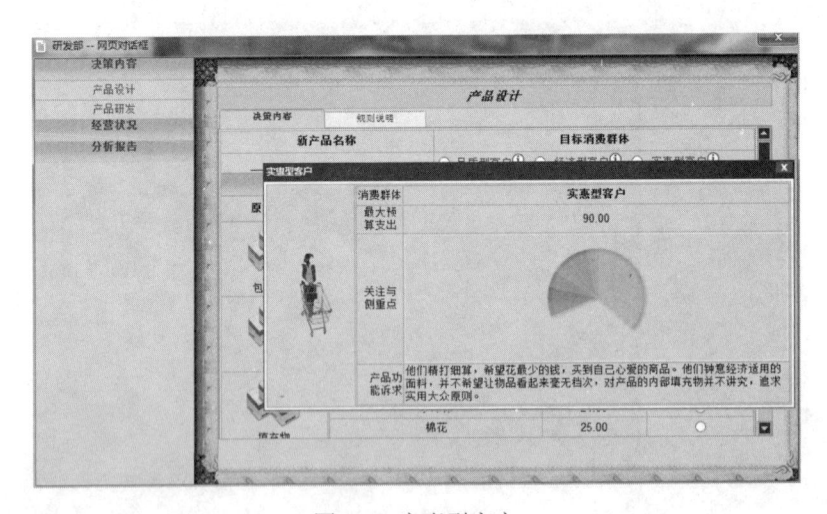

图 8-6　实惠型客户

设计完成的产品会在已完成设计的产品界面详细显示，如图8-7所示。

图8-7 已完成设计的产品界面

以新型包装品为例，单击"①"可以显示其相关具体信息，如图8-8所示。

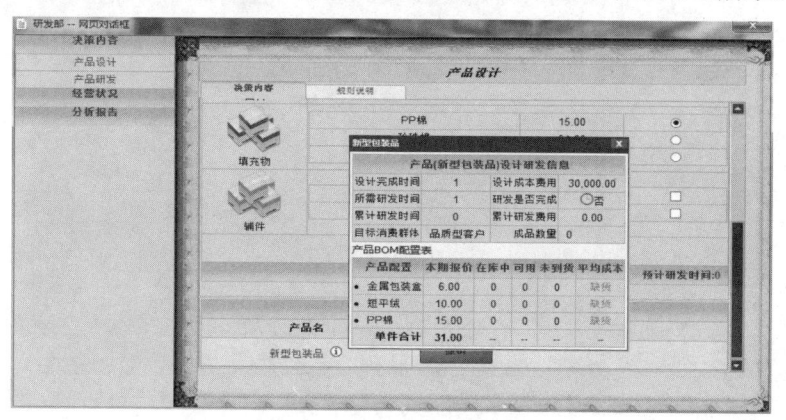

图8-8 产品设计研发信息

产品设计的规则说明，如图8-9所示。

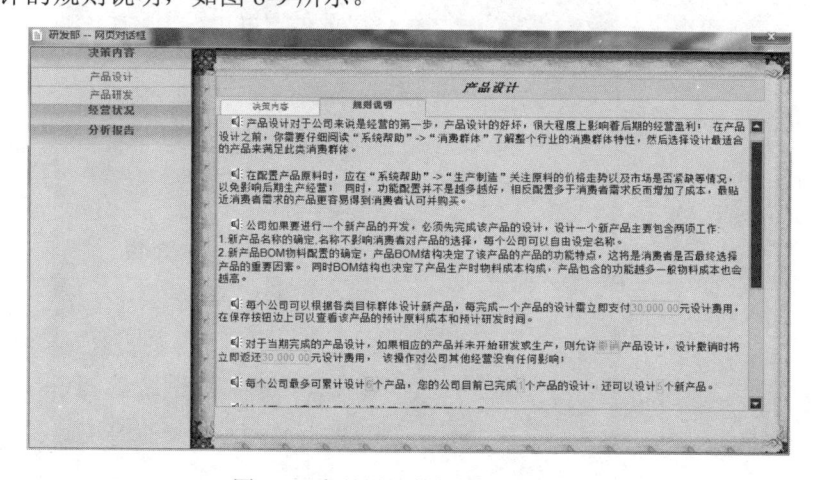

图8-9 产品设计的规则说明（a）

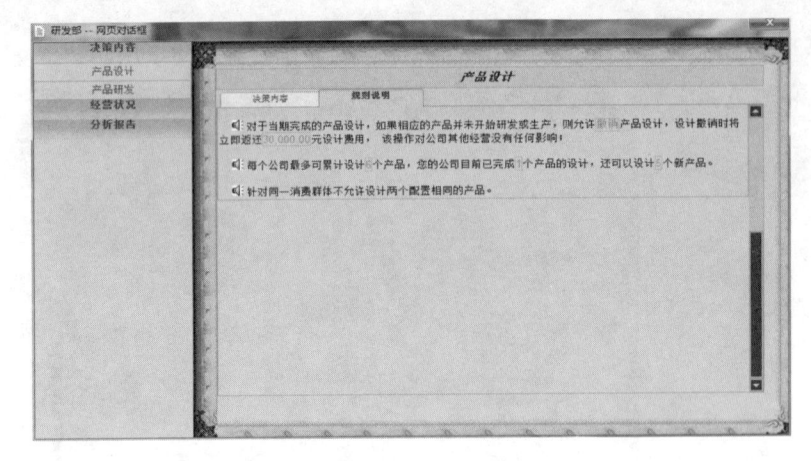

图 8-9　产品设计的规则说明（b）

产品设计后需要进入产品研发投入环节，单击"投入"，弹出"确定投入研发资金吗？"单击"确定"即可，如图 8-10 所示。

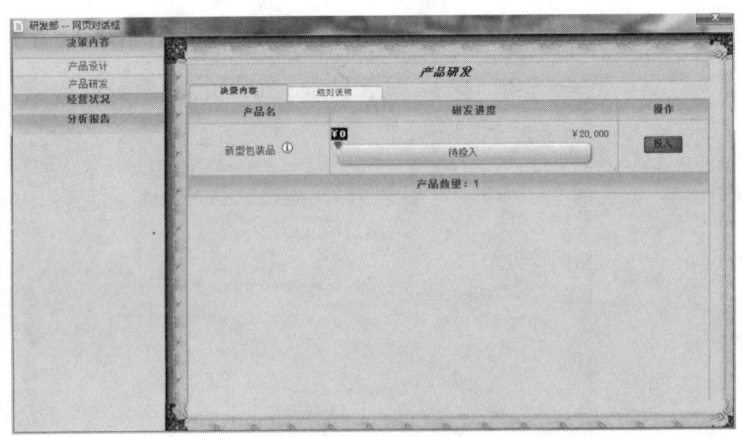

图 8-10　产品研发投入

产品研发投入后需到季度末才能完成研发，如图 8-11 所示。

图 8-11　产品研发投入完成情况

产品研发的规则说明如图 8-12 所示。

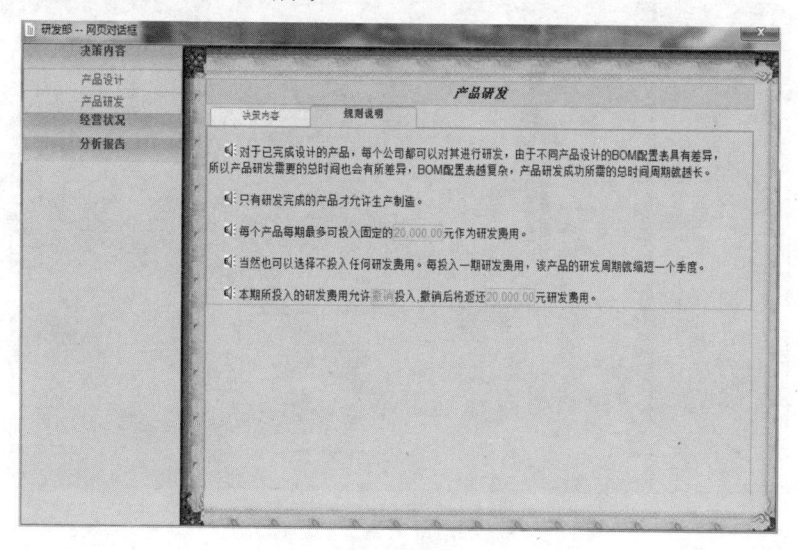

图 8-12　产品研发的规则说明

这里给出教师端控制到第二季度产品研发的情况，如图 8-13 所示，仅供参考。

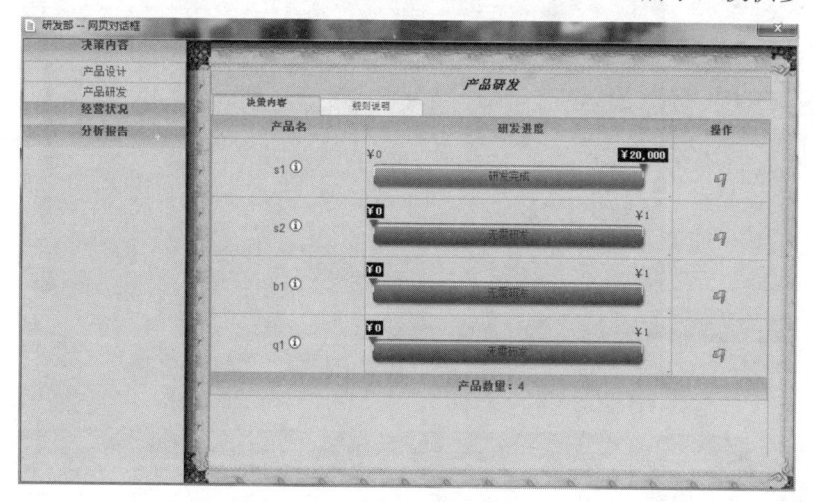

图 8-13　第二季度产品研发的情况

8.6.2　制造部决策和操作

选择"制造部"，进行生产制造决策，其界面如图 8-14 所示。决策内容主要包括原料采购、厂房购置、设备购置、投料生产、资质认证、生产工人、订单交付等。其中厂房购置在第 3 章中已经完成，这里不再详细说明。

原料采购是根据企业生产需要购置相应数量的原材料以完成生产任务，如图 8-15 所示。

原料采购的规则说明，如图 8-16 所示。

第 8 章　企业生产管理　➤　91

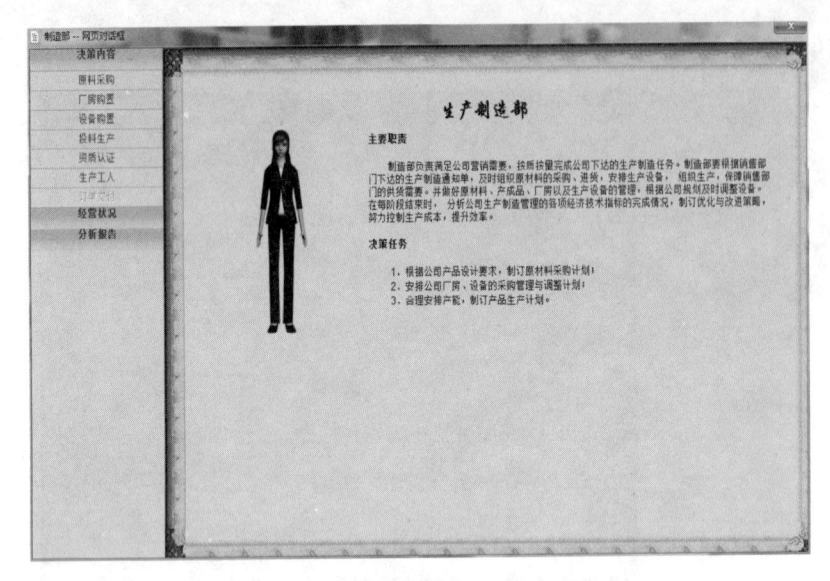

图 8-14　制造部或生产制造部界面

图 8-15　原料采购

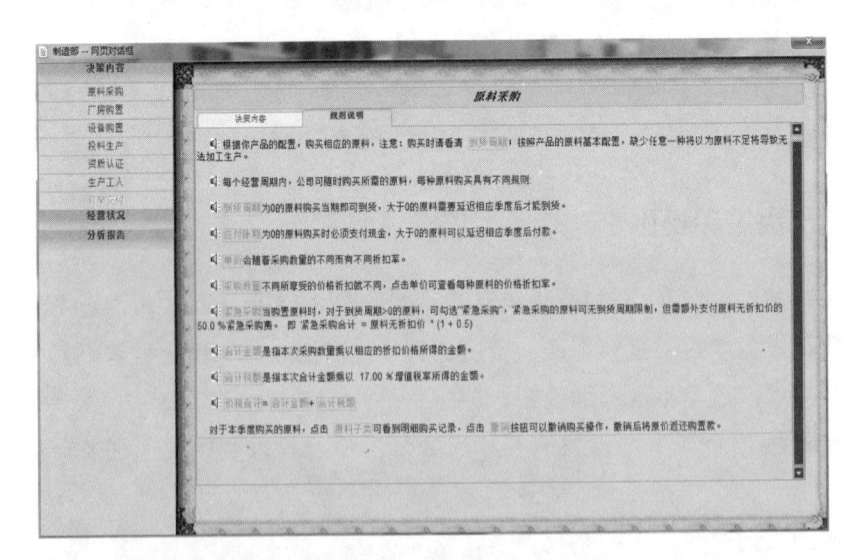

图 8-16　原料采购的规则说明

设备购置类型有柔性线、自动线、手工线三种，已购置设备会在公司已有设备中进行详细显示，也会在厂房内详细说明并显示，如图 8-17、图 8-18 所示。设备购置的规则说明如图 8-19 所示。

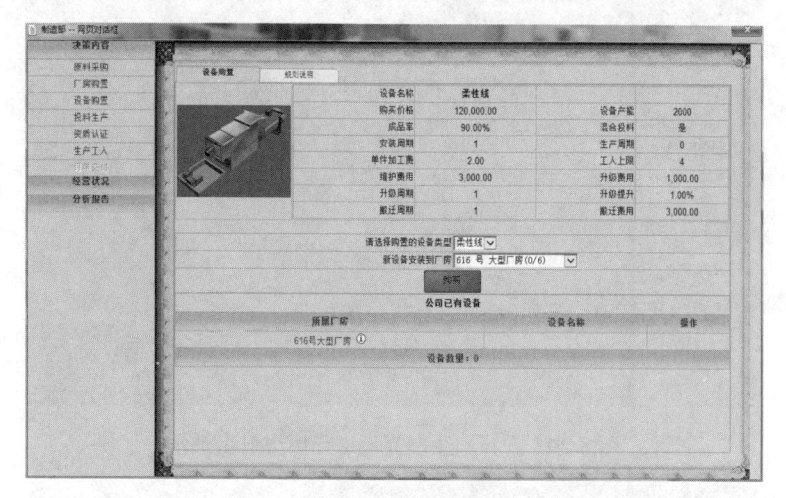

图 8-17 设备购置

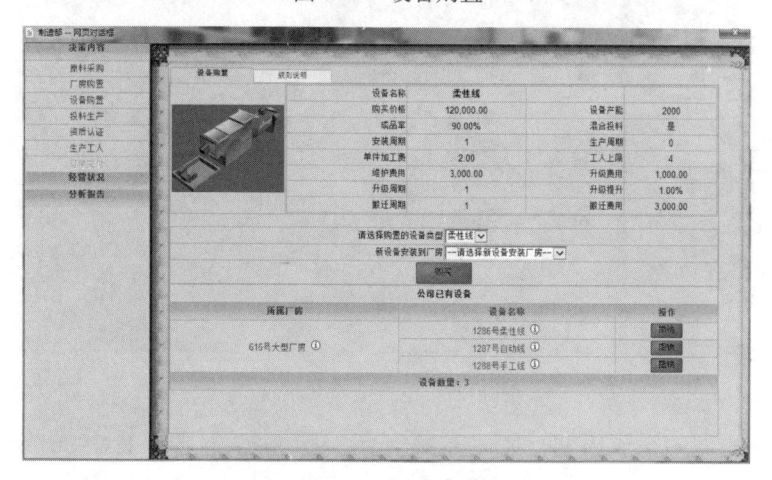

图 8-18 设备购置完成情况

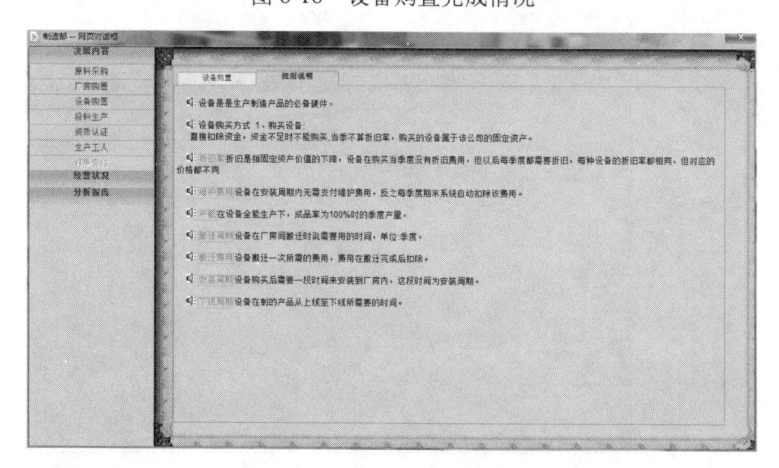

图 8-19 设备购置的规则说明

第 8 章 企业生产管理

厂房可以在投料生产界面进行退租操作，进入生产线后显示该设备详细的基本情况，设备只能在第二季度完成，在此过程中设备无法生产，如图 8-20 和图 8-21 所示。

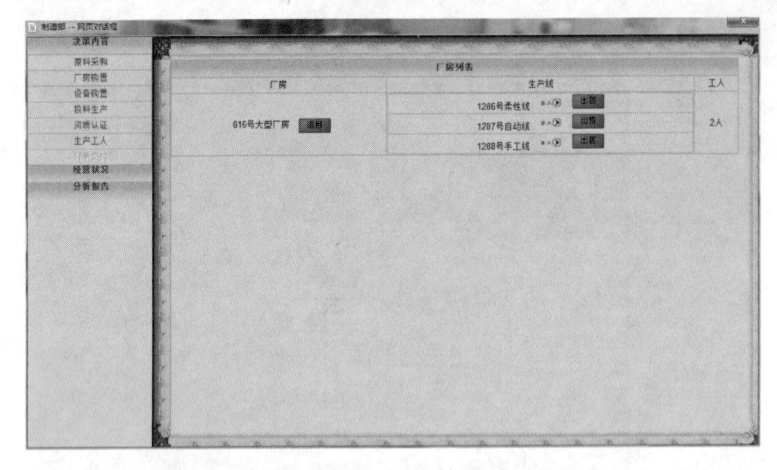

图 8-20　在投料生产界面进行厂房退租操作

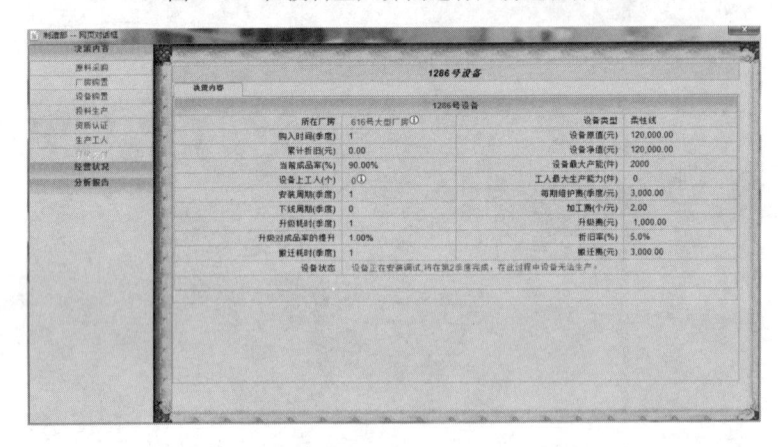

图 8-21　生产线设备情况

资质认证有不同的完成周期，如图 8-22 所示，图 8-23 中显示 ISO9001 认证需要 2 个周期才能完成，而 ICTI 认证需要 3 个周期才能完成，每期都需收取一定的费用。资质认证的规则说明如图 8-24 所示。

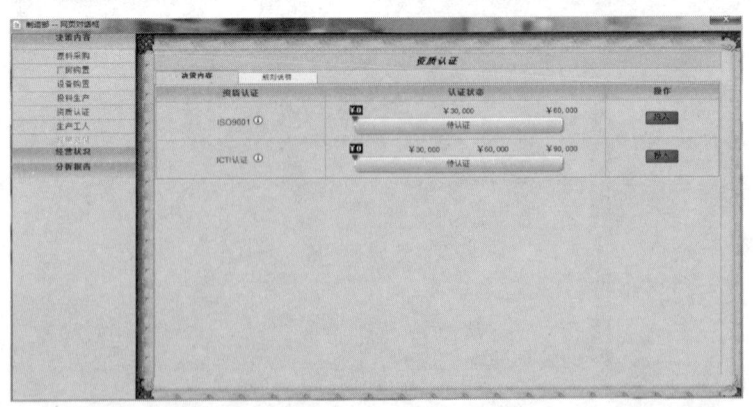

图 8-22　资质认证

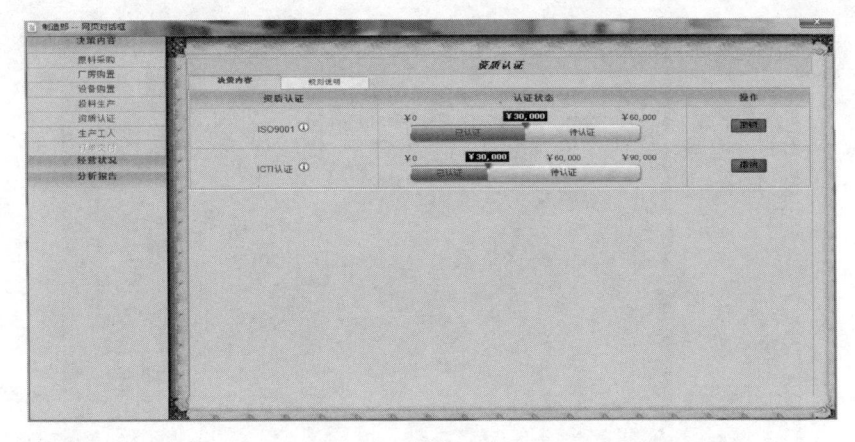

图 8-23 资质认证完成情况

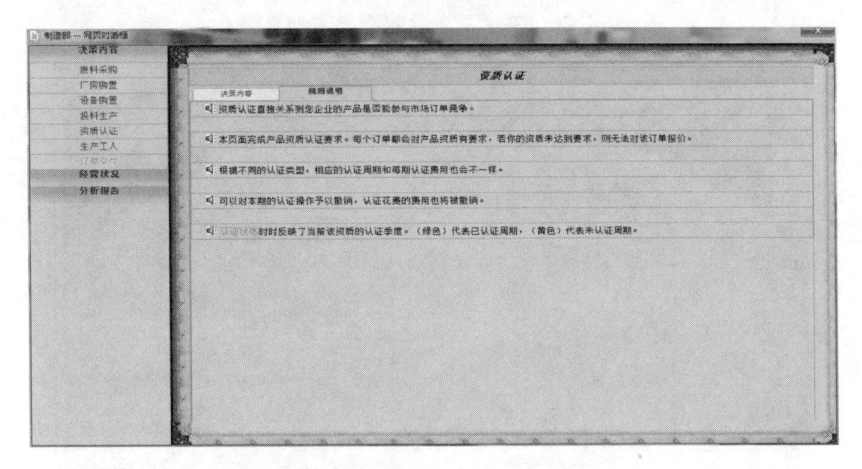

图 8-24 资质认证的规则说明

在制造部界面还可以对生产工人进行分配和管理，以确保生产线的正常运行和管理，如图 8-25 所示。生产工人分配情况规则说明如图 8-26 所示。

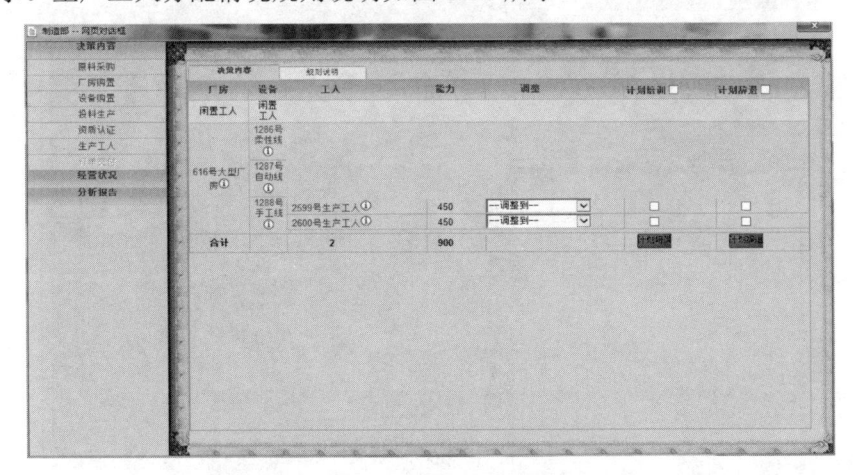

图 8-25 生产工人分配情况

在原料仓库、成品仓库中我们可以查看相关库存，如图 8-27 和图 8-28 所示。

第 8 章 企业生产管理 ▶ 95

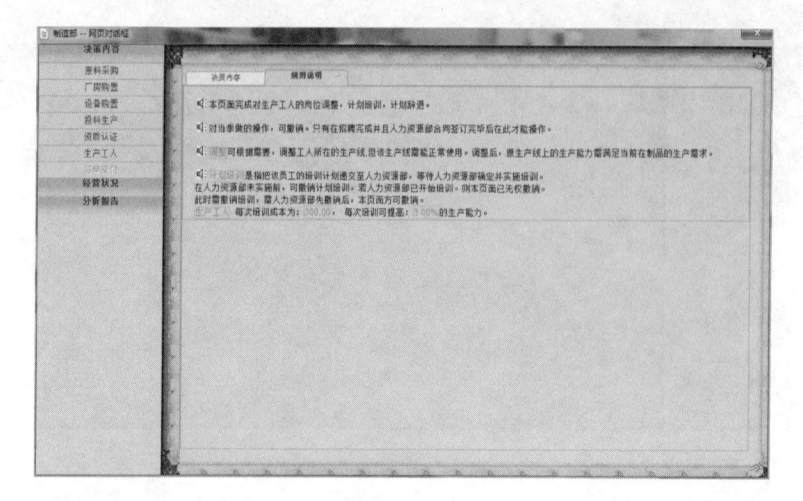

图 8-26　生产工人分配情况规则说明

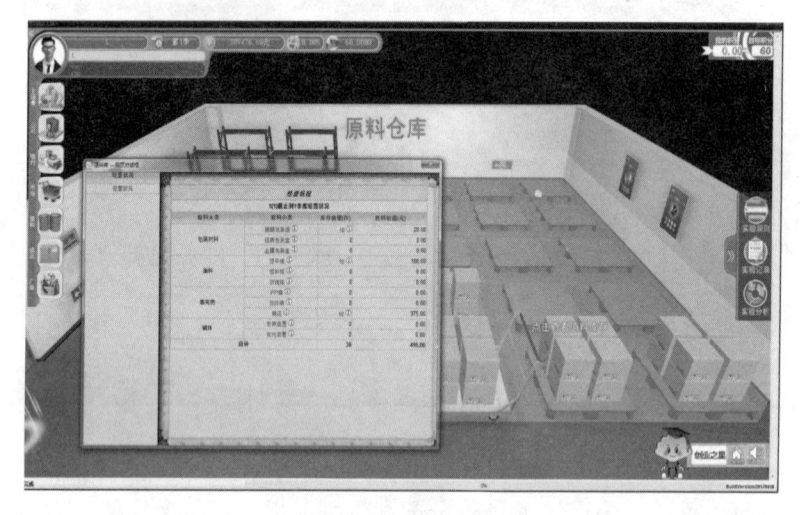

图 8-27　原料仓库

图 8-28　成品仓库

96 ◀ 创业理论与模拟实训教程

在"设备管理"中，我们可以根据原材料购入情况选择不同生产线进行相应数量的生产，如图 8-29 所示。

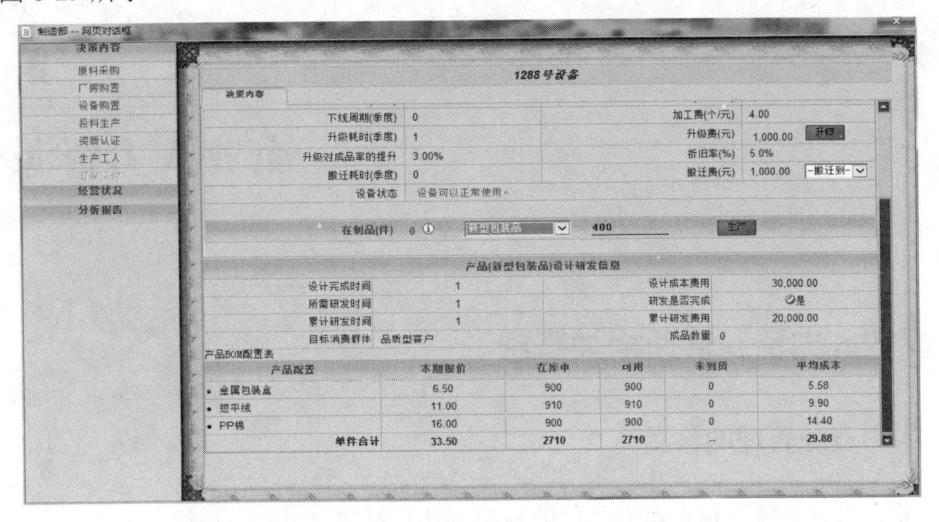

图 8-29　产品生产

产品生产完成后便可以根据订单交付产品数量，以产品 q1、b1、s2 为例，如图 8-30 所示。

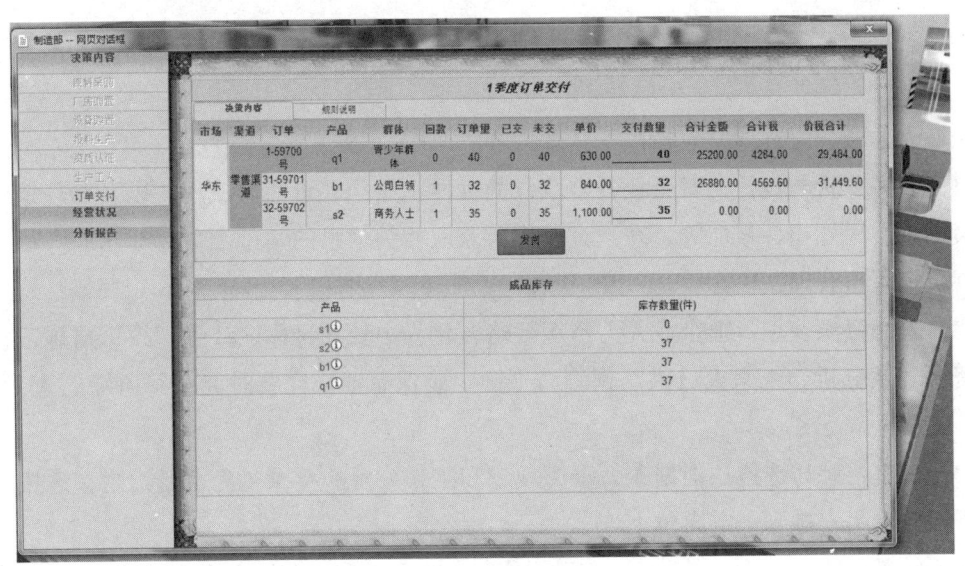

图 8-30　第一季度订单交付情况

第 9 章 企业人力资源管理

9.1 企业人力资源管理相关概念

9.1.1 人力资源管理的含义

人力资源管理，就是指运用现代化的科学方法，对与一定物力相结合的人力进行合理的培训、组织和调配，使人力、物力经常保持最佳比例，同时对人的思想、心理和行为进行恰当的诱导、控制和协调，充分发挥人的主观能动性，使人尽其才，事得其人，人事相宜，以实现组织目标。

9.1.2 企业人力资源管理的内容

企业人力资源管理通常包括以下具体内容。

（1）职务分析与设计：对企业各个职位的性质、结构、责任、流程，以及胜任该职位工作人员的素质、知识、技能等，在调查分析所获取相关信息的基础上，编写出职务说明书和岗位规范等人事管理文件。

（2）人力资源规划：把企业人力资源战略转化为中长期目标、计划和政策措施，包括对人力资源现状分析、未来人员供需预测与平衡，确保企业在需要时能获得所需的人力资源。

（3）员工招聘与选拔：根据人力资源规划和工作分析的要求，为企业招聘、选拔所需的人力资源并录用安排到一定岗位上。

（4）绩效考评：对员工在一定时间内对企业的贡献和工作中取得的绩效进行考核和评价，及时做出反馈，以便改进和提高员工的工作绩效，并为员工培训、晋升、计酬等人事决策提供依据。

（5）薪酬管理：包括对基本薪酬、绩效薪酬、奖金、津贴以及福利等薪酬结构的设计与管理，以激励员工更加努力地为企业工作。

（6）员工激励：采用激励理论和方法，对员工的各种需要予以不同程度的满足或限制，引起员工心理状况的变化，以激发员工向企业所期望的目标而努力。

（7）培训与开发：通过培训提高员工个人、群体和整个企业的知识、能力、工作积极性和工作绩效，进一步开发员工的智力潜能，以提高人力资源的贡献率。

（8）职业生涯规划：鼓励和关心员工的个人发展，帮助员工制订个人发展规划，以进一步激发员工的积极性、创造性。

（9）人力资源会计：与财务部门合作，建立人力资源会计体系，开展人力资源投资成本与产出效益的核算工作，为人力资源管理与决策提供依据。

（10）劳动关系管理：协调和改善企业与员工之间的劳动关系，进行企业文化建设，营造和谐的劳动关系和良好的工作氛围，保障企业经营活动的正常开展。

9.2 人力资源管理工作的内容

9.2.1 人力资源管理的目标

人力资源管理的目标是指企业人力资源管理需要完成的职责和需要达成的绩效。人力资源管理既要考虑组织目标的实现，又要考虑员工个人的发展，强调在实现组织目标的同时实现个人的全面发展。

人力资源管理的目标包括全体管理人员在人力资源管理方面的目标任务与专门的人力资源部门的目标任务。显然两者有所不同，属于专业的人力资源部门的目标任务不一定是全体管理人员的人力资源管理目标任务，而属于全体管理人员承担的人力资源管理目标任务，一般都是专业的人力资源部门应该完成的目标任务。

人力资源管理的目标任务主要包括以下三个方面：①保证组织对人力资源的需求得到最大限度的满足；②最大限度地开发与管理组织内外的人力资源，促进组织的持续发展；③维护与激励组织内部人力资源，使其潜能得到最大限度的发挥，使其人力资本得到应有的提升与扩充。

9.2.2 人力资源管理工作的特点

与其他工作相比，人力资源管理工作表现出以下基本特征。①时代特征。人力资源生成过程的时代性与时间性，即任何人力资源的成长与成熟，都是在一个特定的时代背景条件下进行和完成的。②人本特征。人力资源管理工作采取人本取向，始终贯彻员工是组织的宝贵财富的思想，强调对人的关心、爱护，把人真正作为资源加以保护、利用和开发。③专业性与实践性。人力资源管理是组织最重要的管理职能之一，具有较高的专业性，从小公司的多面手到大公司的人力资源专家及高层人力资源领导，都有着很细的专业分工和深入的专业知识。人力资源管理工作是组织管理的基本实践活动，是旨在实现组织目标的主要活动，表现出高度的应用性。④双赢性与互惠性。人力资源管理工作采取互惠取向，强调管理工作应该是获取组织的绩效、员工的满意与成长的双重结果，强调组织和员工之间的"共同利益"，并重视发掘员工更大的主动性和责任感。⑤理论基础的学科交叉性。人力资源管理工作采取科学取向，重视跨学科的理论基础和指导，包括管理学、心理学、经济学、法学、社会学等多个学科，因此现代人力资源管理工作对其专业人员的专业素质提出了更高的要求。⑥系统性和整体性。人力资源管理工作采取系统取向，强调整体地对待人和组织，兼顾组织的技术系统和社会心理系统；强调运作的整体性，一方面是人力资源管理各项职能之间具有一致性，另一方面是与组织中其他战略相配合，依靠和支持整个组织的战略和管理。

9.2.3 人力资源管理的职责

人力资源管理的职责是指人力资源管理者需要承担的责任和任务。加里·德斯勒在其所著《人力资源管理》中列举了人力资源管理者在有效的人力资源管理方面所负的责任，具体描述为以下十大方面：①将合适的人配置到适当的工作岗位上；②引导新雇员进入组织（熟悉环境）；③培训新雇员适应新的工作岗位；④提高每位新雇员的工作绩效；⑤争取实现创造性的合作，建立和谐的工作关系；⑥解释公司政策和工作程序；⑦控制劳动力成本；⑧开发每位雇员的工作技能；⑨创造并维持部门内雇员的士气；⑩保护雇员的健康以及改善工作环境。

9.2.4 人力资源管理的五个职能

1. 人力资源管理的获取职能

人力资源管理的获取职能是指根据企业目标确定的所需员工条件，通过规划、招聘、考试、测评、选拔等一系列环节，获取企业所需人员。获取职能包括工作分析、人力资源规划、招聘、选拔与使用等活动。①工作分析，是人力资源管理的基础性工作。在这个过程中，要对每一岗位的任务、职责、环境及任职资格进行描述，编写出岗位说明书。②人力资源规划，是将企业对人员数量和质量的需求与人力资源的有效供给相协调。需求源于组织工作的现状及对未来的预测，供给则涉及内部与外部的有效人力资源。③招聘与选拔。招聘应根据对应聘人员的吸引程度选择最合适的招聘方式，如利用报纸广告、互联网、职业介绍所等。选拔有多种方法，如利用求职申请表、面试、测试和评价中心等。④使用，是指经过上岗培训，给合格的人员安排工作。

2. 人力资源管理的整合职能

人力资源管理的整合职能是指通过企业文化、信息沟通、人际关系和谐、矛盾冲突的化解等有效整合，使企业内部的个体的目标、行为、态度趋向企业的要求和理念，使个体与集体形成高度的合作与协调，发挥集体优势，提高企业的生产力和效益。

3. 人力资源管理的保持职能

人力资源管理的保持职能是指通过薪酬、考核、晋升等一系列管理活动，保持员工的积极性、主动性、创造性，维护劳动者的合法权益，保证员工拥有安全、健康、舒适的工作环境，以增进员工满意感，使之安心满意地工作。保持职能包括两个方面的活动。①保持员工的工作积极性，如公平的报酬、有效的沟通与参与、融洽的劳资关系等。a. 报酬：制定公平合理的工资制度；b. 沟通与参与：公平地对待员工，疏通关系，沟通感情，参与管理等；c. 劳资关系：处理劳资关系方面的纠纷和事务，促进劳资关系的改善。②保持健康安全的工作环境。

4. 人力资源管理的评价职能

人力资源管理的评价职能是指对员工工作成果、劳动态度、技能水平以及其他方面做出的全面考核、鉴定和评价，为制定相应的奖惩、升降、去留等决策提供依据。评价职能包括工作评价、绩效考核、满意度调查等。其中绩效考核是核心，它是奖惩、晋升等人力资源管理及其决策的依据。

5. 人力资源管理的规划与发展职能

人力资源管理的规划与发展职能是指通过员工培训、职业发展管理等，促进员工知识、技巧和其他方面素质提高，使其劳动能力得到增强和发挥，最大限度地实现其个人价值，提高对企业的贡献率，达到员工个人和企业共同发展的目的。人力资源管理的规划与发展是指：根据个人、工作、企业的需要制订培训计划，选择培训的方式和方法，对培训效果进行评估；帮助员工制订个人发展计划，使个人的发展与企业的发展相协调，并满足个人成长的需要。

9.2.5 人力资源管理的效率因素

第一，就整体而言，人力资源管理工作要和战略、技术、产品等其他要素联系起来，使人的潜力得到最大限度的发挥，使组织具有更强的凝聚力。

第二，人力资源管理工作必须要推动绩效管理工作。推动落实企业的战略和经营目标是现代人力资源管理工作的使命，而绩效管理是推动型人力资源管理工作的中枢。一方面表现在人力资源管理政策执行上的有效率，另一方面表现在对于组织目标的实现和组织战略成功完成等方面的有效率。

9.2.6 人力资源管理的体系建设

第一，确定人力资源管理的质量标准。依据人力资源管理的基本原则，为提高员工个人和企业整体的业绩，人力资源管理部门应把促进企业的成功当作自己的义务；制定与企业业绩紧密相连，具有连贯性的人力资源管理方针、政策和制度，这是企业最有效利用资源和实现商业目标的必要前提；应努力寻求人力资源管理政策与商业目标之间的匹配和统一；当企业文化合理时，人力资源管理政策应起支持作用；当企业文化不合理时，人力资源管理政策应促使其改进。

第二，建立人力资源管理的质量检测体系。在人力资源管理的运行过程中，人力资源管理部门需要对管理的目标、管理的过程和管理的结果进行全程了解与监控，才能有效地提升人力资源管理的水平和质量。因此，需要建立事前、事中、事后的全程人力资源管理质量检测体系。检测体系在不同的管理阶段，按照定量与定性结合的原则进行构建和制定。

第三，建立人力资源管理的质量保证体系。在人力资源管理的全过程中，人力资源管理工作执行的效果如何、管理工作的效率是否符合企业发展的要求等，需要在人力资源管理工作的安排中，设定完善、细致的质量保证体系，建立分层、分级的人力资源管理质量保证基本规则。

9.2.7 人力资源管理工作的任务分析

（1）人力资源规划与政策。开发和整合人力资源计划与政策，确保与组织战略的一致性，支持公司业绩目标的实现。

（2）招聘与录用。提供及时和有效的方法，吸引和招聘到合适的，有经验、技术的员工，以满足组织要求。

（3）薪酬福利与激励。提供薪酬和福利框架，以激励更高的工作业绩，确保组织目标的实现和优秀人才的保留。

（4）员工发展与培训。协助开发员工必要的能力以确保组织目标的实现，提供框架以帮助员工解决问题。

（5）员工派遣与退任。确保员工派遣与工作终止过程的有效管理以及有效缓解员工心理冲击。

（6）信息管理。确保人力资源信息的产生和流程运行高效精确，并保持与其他业务系统和流程的整合。

9.2.8 人力需求预测方法

（1）管理人员判断法。管理人员判断法，即企业各级管理人员根据自己的经验和直觉，自下而上确定未来所需人员。这是一种粗浅的人力需求预测方法，主要用于短期预测。

（2）经验预测法。经验预测法也称比率分析，即根据以往的经验对人力资源需求进行预测。由于不同人的经验会有差别，不同新员工的能力也有差别，特别是管理人员、销售人员，在能力、业绩上的差别更大，所以，若采用这种方法预测人员需求，要注意经验的积累和预测的准确度。

（3）德尔菲法。德尔菲法是使专家们对影响组织某一领域发展（如组织将来对劳动力的需求）达成一致意见的结构化方法。该方法的目标是通过综合专家们各自的意见来预测某一领域的发展趋势。具体来说，由人力资源部作为中间人，将第一轮预测中专家们各自单独提出的意见集中起来并加以归纳后反馈给他们，然后重复这一循环，使专家们有机会修改他们的预测并说明修改的原因。一般情况下重复 3~5 次之后，专家们的意见即趋于一致。这里所说的专家，可以是来自一线的管理人员，也可以是高层经理；可以是企业内部的，也可以是外请的。专家们的选择基于他们对影响企业的内部因素的了解程度。

（4）趋势分析法。这种定量分析方法的基本思路是：确定组织中哪一种因素与劳动力数量和结构的关系最密切，然后找出这一因素随聘用人数而变化的趋势，由此推断出未来人力资源的需求。选择与劳动力数量有关的组织因素是需求预测的关键一步。这个因素至少应满足两个条件：第一，组织因素应与组织的基本特性直接相关；第二，所选因素的变化必须与所需人员数量变化成比例。有了与聘用人数相关的组织因素和劳动生产率，就能够估计出劳动力的需求数量了。在运用趋势分析法做预测时，可以完全根据经验估计，也可以利用计算机进行回归分析。所谓回归分析法，就是利用历史数据找出某一个或几个组织因素与人力资源需求量的关系，并将这一关系用一个数学模型表示出来，借助这个数学模型，就可以推测未来人力资源的需求。但此过程比较复杂，需要借助计算机。

9.3 模拟实训：在"创业之星"中进行企业人力资源管理

9.3.1 员工招聘和签订合同

进入"公司"，选择"人力资源部"进行人力决策。

从图 9-1 中可以看到人力决策主要包括招聘工人、招聘销售、签订合同、解除合同、员工培训等，这是人力资源部门主要的工作内容。它的主要职责就是负责公司的招聘和合同管理工作，并依据各个部门提供的培训计划对员工进行培训，从而提高员工的工作能力。

图 9-1 人力资源部界面

图 9-2 和图 9-3 是招聘生产工人和销售人员的界面，这里需要有总经理权限才能进行招聘工作。所有招聘工作必须到人力资源部门签合同才算最终完成。图 9-4 和图 9-5 是招聘生产工人和销售人员的规则说明。

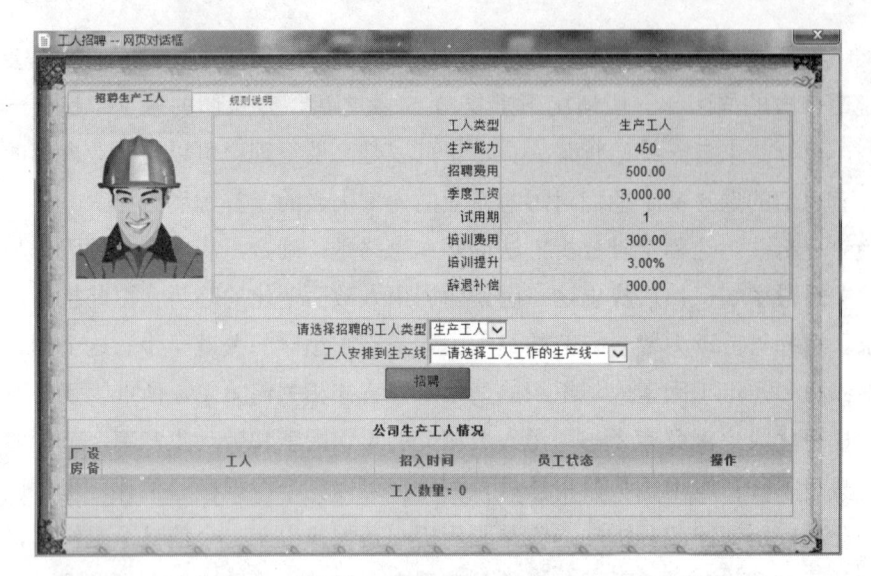

图 9-2 招聘生产工人界面

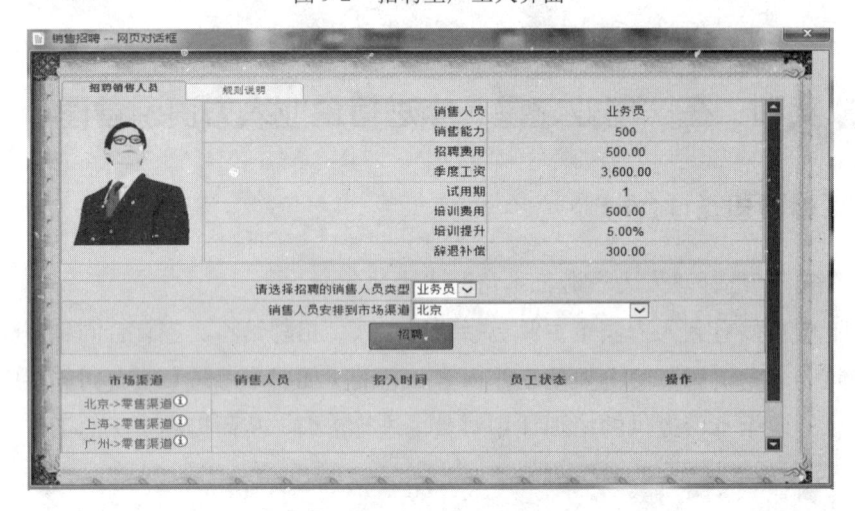

图 9-3 招聘销售人员界面

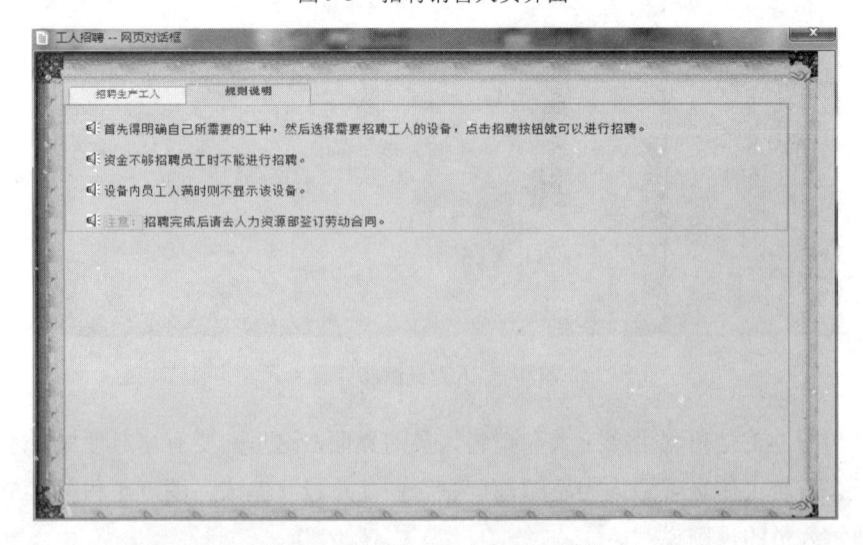

图 9-4 招聘生产工人的规则说明

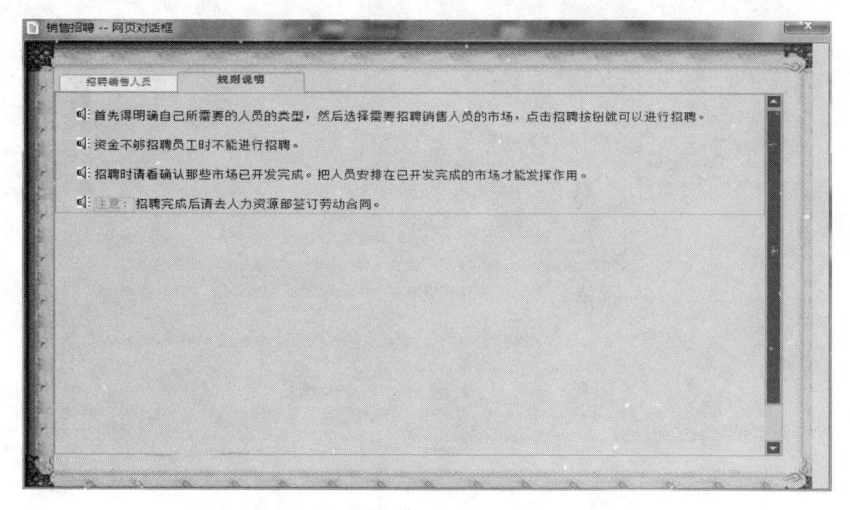

图 9-5　招聘销售人员的规则说明

招聘生产工人和销售人员也可以在主场景中的"交易市场"中进行，招聘界面和人力资源部界面一致，交易市场情景如图 9-6 所示。

图 9-6　交易市场中的招聘情景

招聘完成后需要在"人力资源部"进行合同签订工作，这是最重要的环节，如图 9-7 和图 9-8 所示。

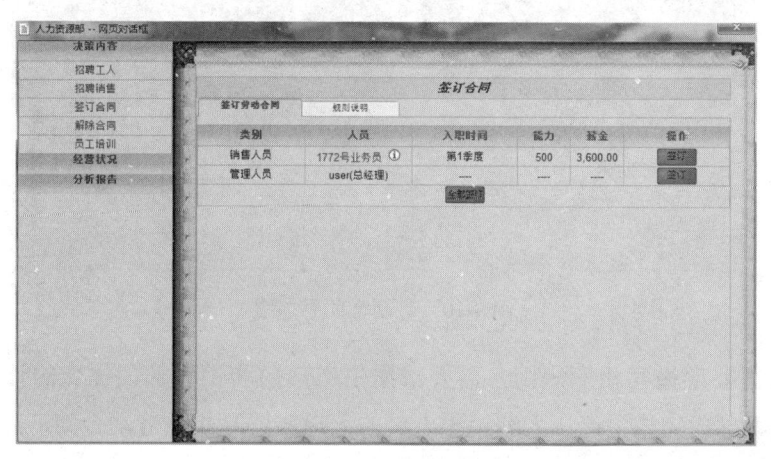

图 9-7　签订合同

第 9 章　企业人力资源管理　　105

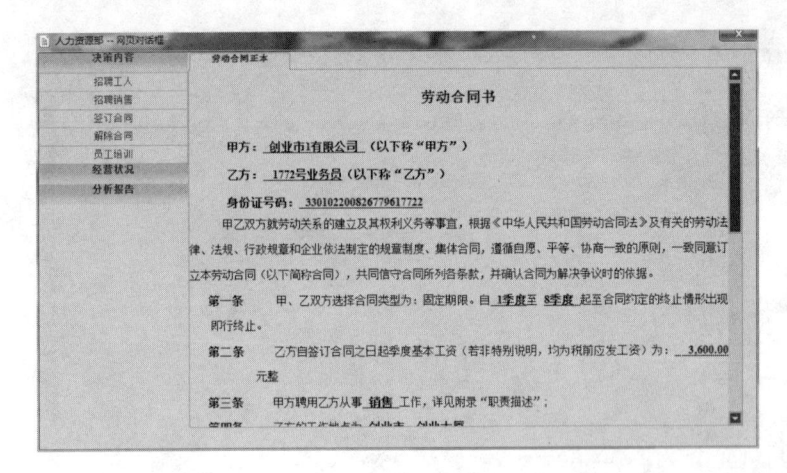

图 9-8　劳动合同书

劳动合同书需要甲方（创业公司）盖章才能生成，如图 9-9 和图 9-10 所示。

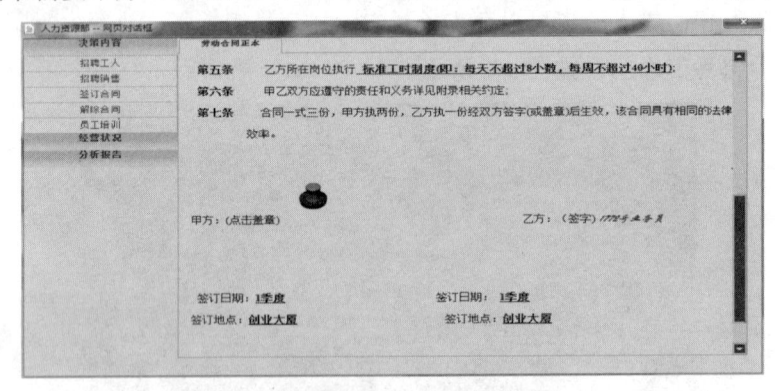

图 9-9　劳动合同书签订

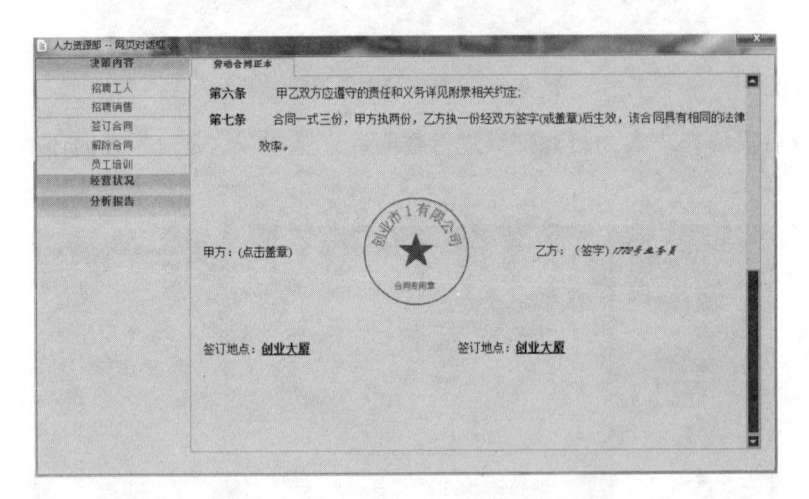

图 9-10　劳动合同书盖章

解除合同需要遵循其相应规则，需要根据生产部门和销售部门提交的计划辞退员工列表，由人力资源部门完成生产工人和销售人员的辞退，解除相关劳动合同，辞退成本为 300 元。解除合同的规则说明如图 9-11 所示。

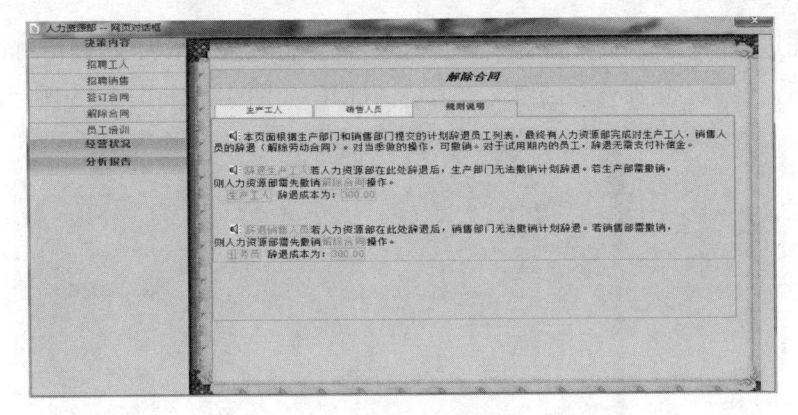

图 9-11　解除合同的规则说明

9.3.2　员工培训

员工培训需要生产部门和销售部门提交计划培训员工列表，之后才能在人力资源部门对员工进行相关培训。员工培训界面如图 9-12 所示，规则说明如图 9-13 所示。

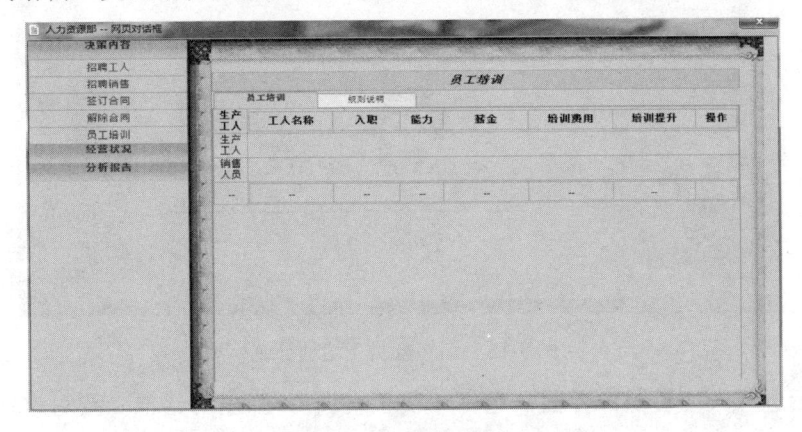

图 9-12　员工培训界面

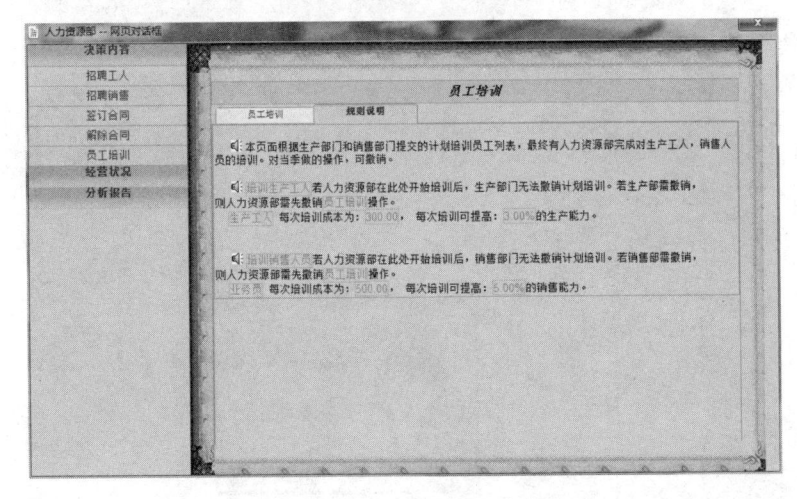

图 9-13　员工培训的规则说明

这里以销售人员为例进行员工培训说明。

（1）首先进入销售部界面，选择"销售人员"，单击"计划培训"，弹出对话框"要保存培训计划"后，显示"培训计划已递交人力资源部！"如图9-14和图9-15所示。

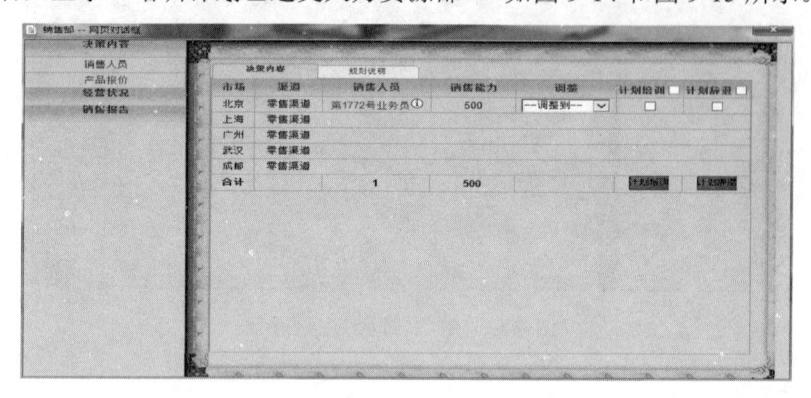

图9-14 销售部员工计划培训

图9-15 销售部员工培训计划

（2）然后进入人力资源部界面，选择"员工培训"，弹出对话框"要对这些员工进行培训？"单击"确定"，弹出"已开始培训，将在季度末培训结束！"对话框，即完成员工培训，如图9-16和9-17所示。

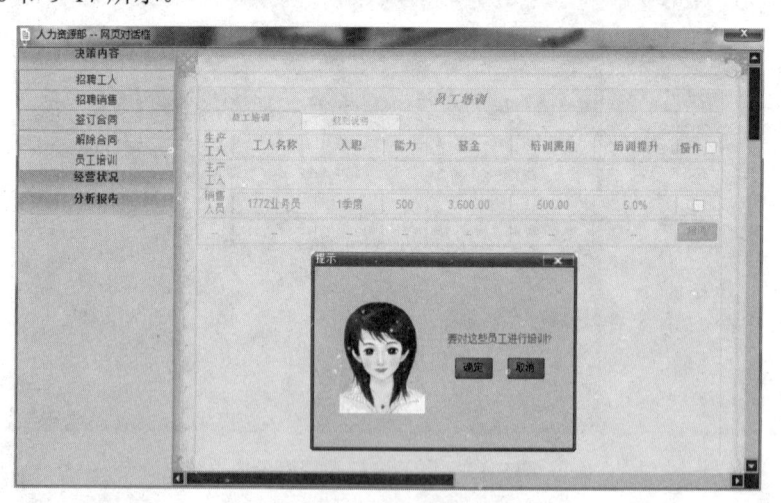

图9-16 员工培训

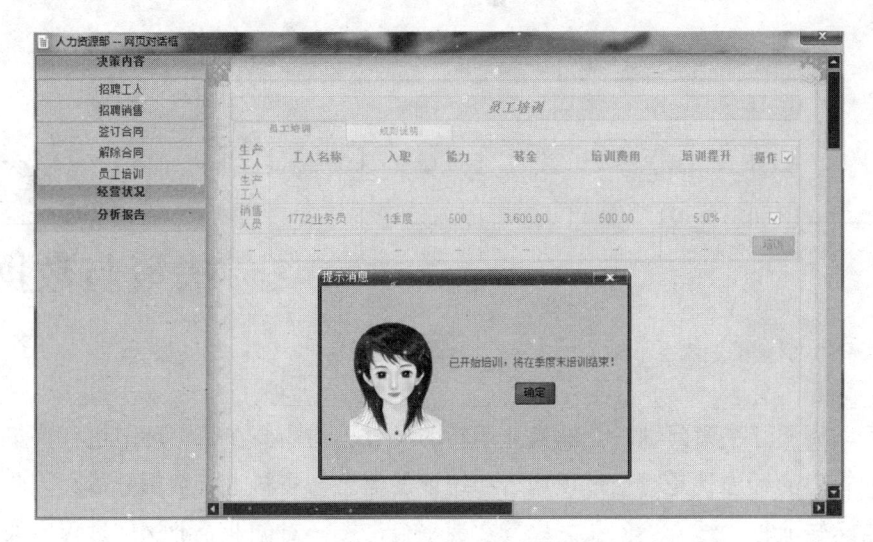

图 9-17　员工计划培训完成情况

第10章
决策与数据分析

创业活动离不开决策问题，企业商业运转的全过程均需要在每个环节进行决策。当然，现代化企业管理的标志就是对全过程调研和统计的信息与资料进行数据分析。因此，本章结合企业正常运转流程，结合"创业之星"实训平台，逐一对创业企业运转过程中的决策与数据分析进行详细的介绍。在"创业之星"中，各个部门的界面都会有相关的经营状况和分析报告等数据信息，可以进入"公司场景"中的各个部门进行数据查询与分析。

10.1 研发部门数据查询与分析

10.1.1 研发部门经营状况

在"公司场景"中单击"研发部"，在弹出窗口中选择"经营状况"，可以查看公司已设计的所有产品的配置情况，以及该产品的研发进度情况，如图10-1所示。

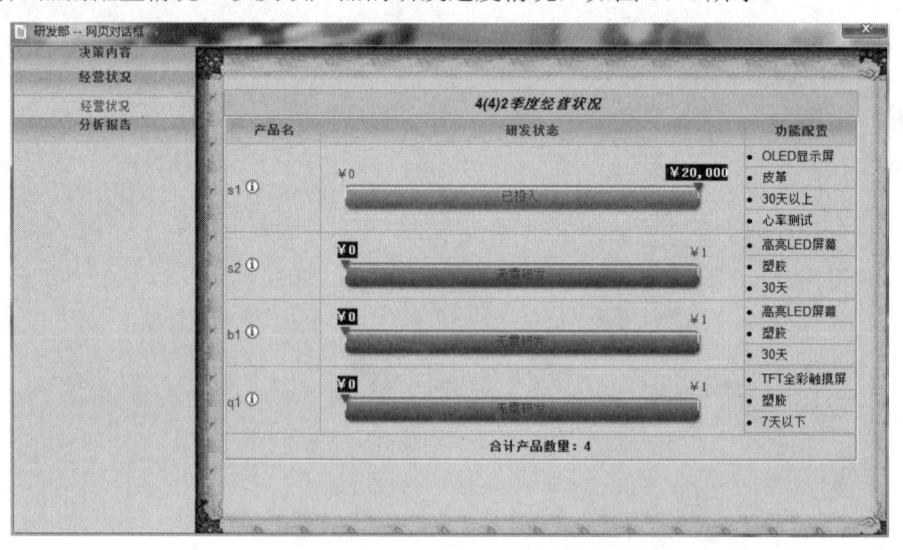

图10-1 企业研发部经营状况

10.1.2 研发部门分析报告

选择"分析报告－产品分析",下面将显示需要设计的品牌数量、品牌名称及每个产品品牌的原料构成情况,如图 10-2 所示。

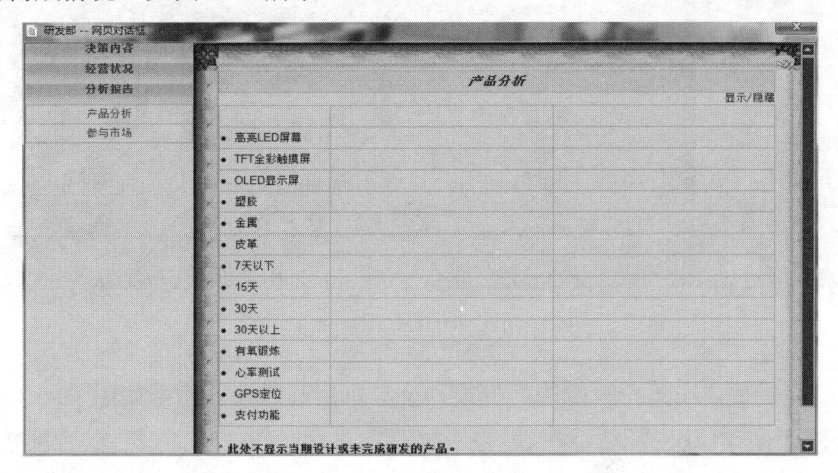

图 10-2 产品分析

选择"分析报告－参与市场",选择要查看的季度及市场,可以查看该季度在选中市场上所有公司销售的产品信息,如图 10-3 所示。

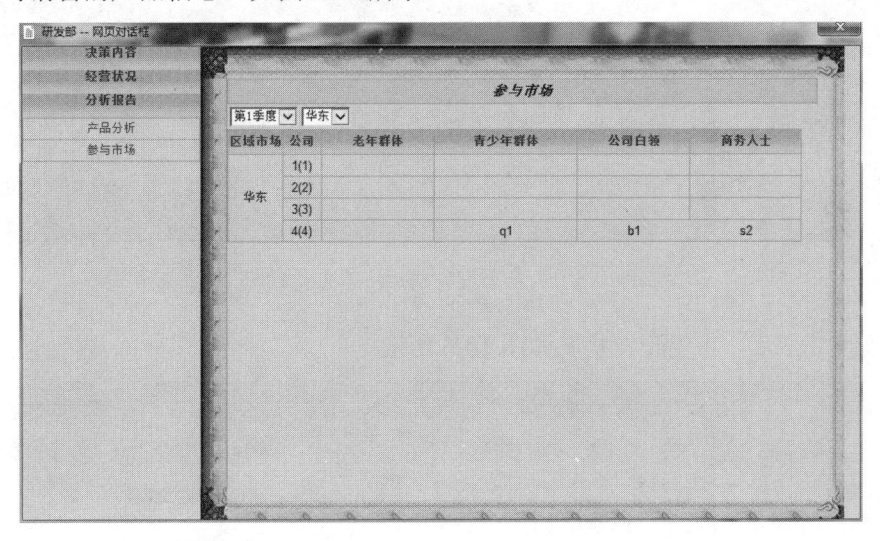

图 10-3 参与市场

10.2 市场营销部门数据查询与分析

10.2.1 市场部经营状况

在"公司场景"中单击"市场部",在弹出窗口中选择"经营状况",可以查看公司的经营状况，以及在各个区域市场的开发进度及完成情况，如图10-4所示。

图 10-4　市场部经营状况

第一季度完成后，在第一季度的广告投入会显示出其累计效应，如图10-5所示。

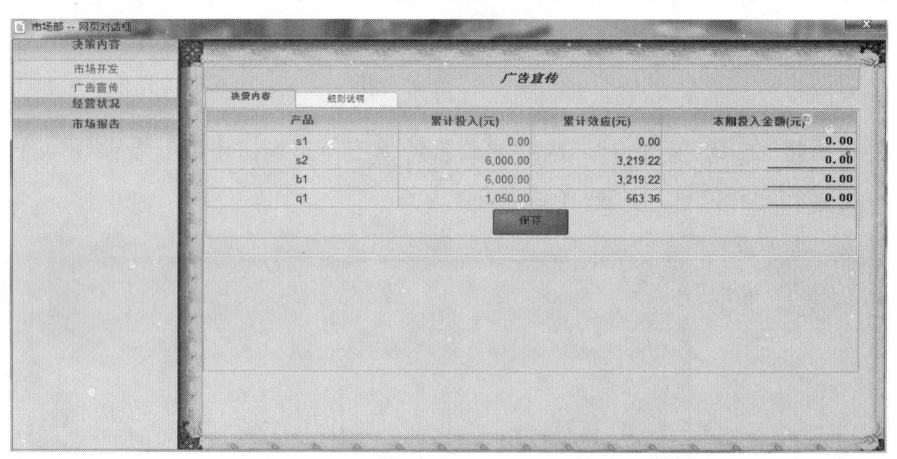

图 10-5　第一季度完成后广告宣传状况

第一季度完成后，市场开发状况如图10-6所示。

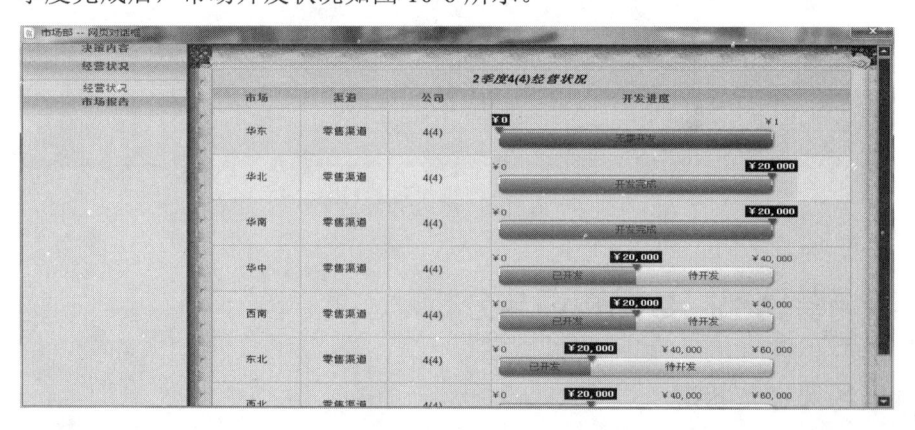

图 10-6　第一季度完成后市场开发情况

10.2.2 市场部市场报告

在"市场报告"中可以查看公司的品牌设计、产品评价、价格评价、品牌评价、功能评价、能力评价、口碑评价、产品分析、广告效应、广告投放、报价分析等分析报告。这里仅以其品牌设计的分析报告为例，供参考，如图10-7所示。

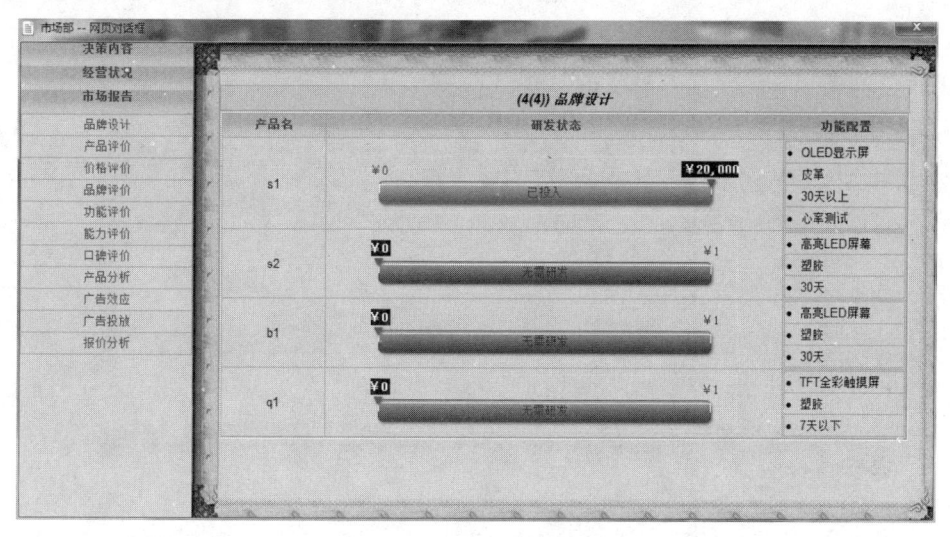

图10-7 品牌设计分析报告

10.3 销售部门数据查询与分析

10.3.1 销售部经营状况

在"公司场景"中单击"销售部"，在弹出窗口中选择"经营状况－销售状况"，选择要查看的季度，可以查看该季度公司各产品在市场上的销售状况，如图10-8所示。

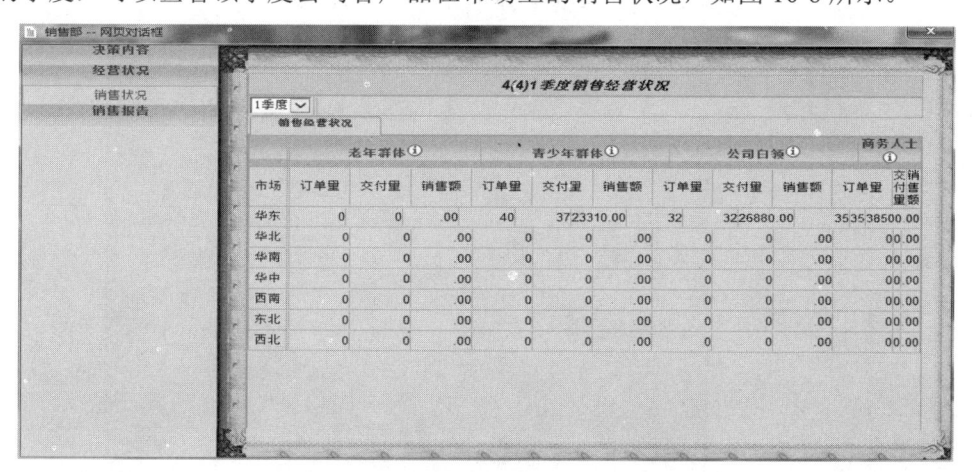

图10-8 销售部第一季度销售状况

第 10 章 决策与数据分析　　113

10.3.2 销售部销售报告

在"销售报告"中可以查看收入分析、销售业绩、细分市场、订单汇总、市场最佳、市场增长、人均收入、产品利润、区域利润和销售力量的分析报告。这里仅列出收入分析、市场业绩、订单汇总的分析报告,供参考,如图10-9、图10-10、图10-11所示。

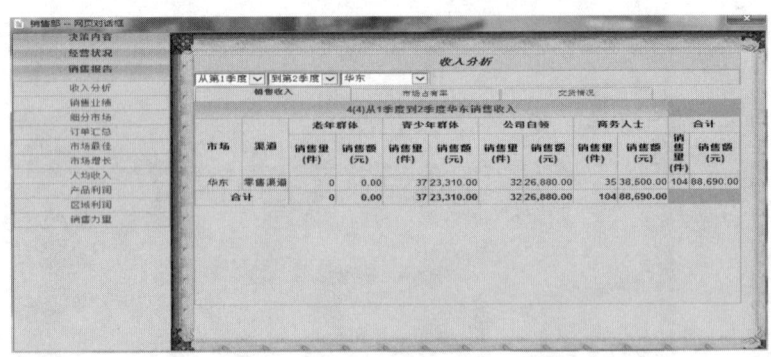

图 10-9 收入分析报告

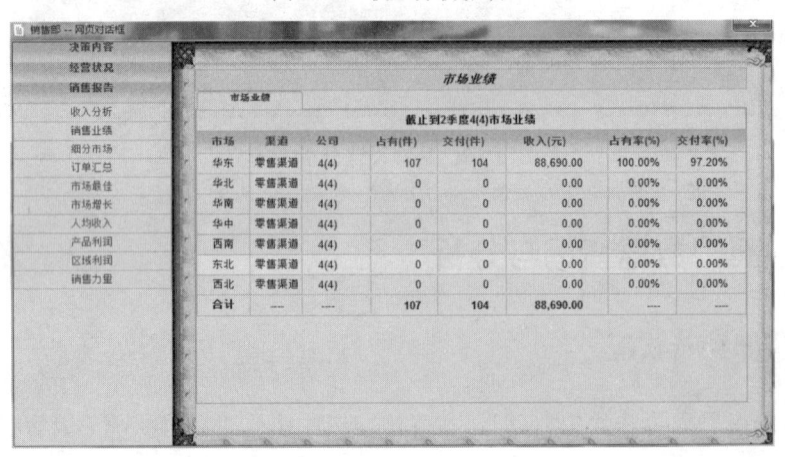

图 10-10 市场业绩分析报告

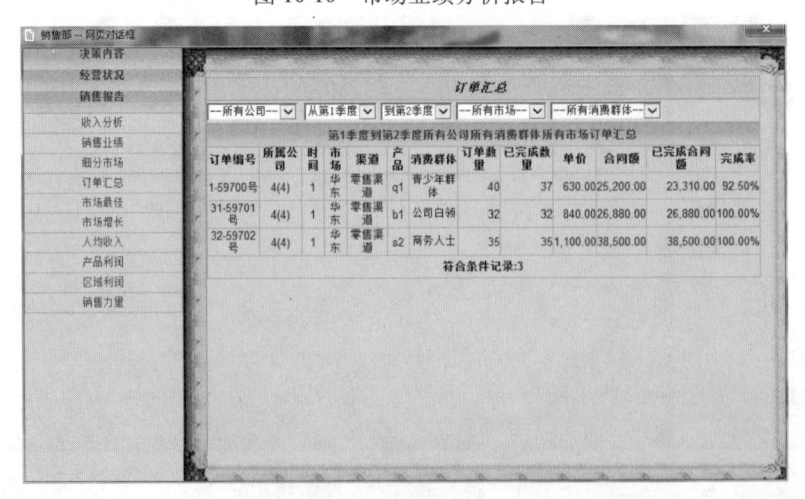

图 10-11 订单汇总分析报告

10.4 制造部门数据查询与分析

10.4.1 制造部经营状况

在"公司场景"中单击"制造部",在弹出窗口中选择"经营状况",可以查看公司生产制造部门的厂房、设备、生产工人等信息,如图10-12所示。

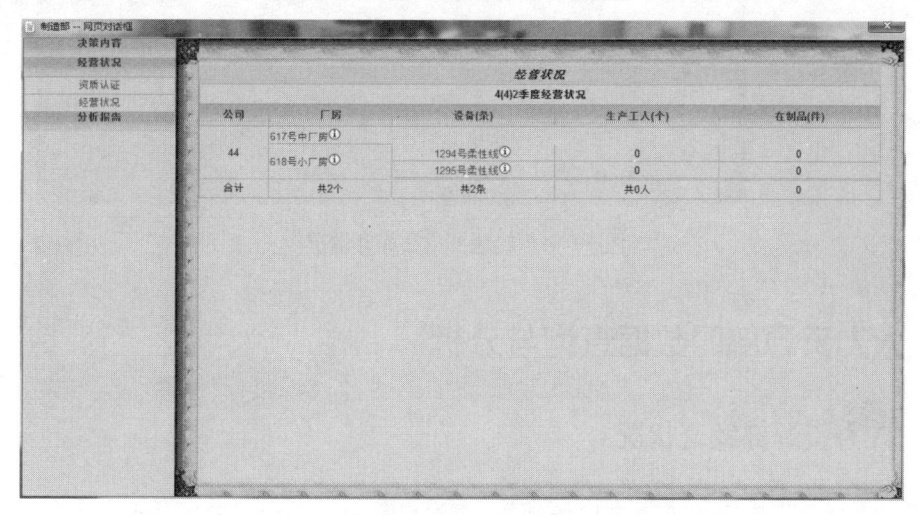

图 10-12 制造部经营状况

10.4.2 制造部分析报告

单击"分析报告"可以查询生产配置、原料库存和成品库存情况。这里仅列出原料库存和成品库存情况,供参考,如图10-13、图10-14所示。

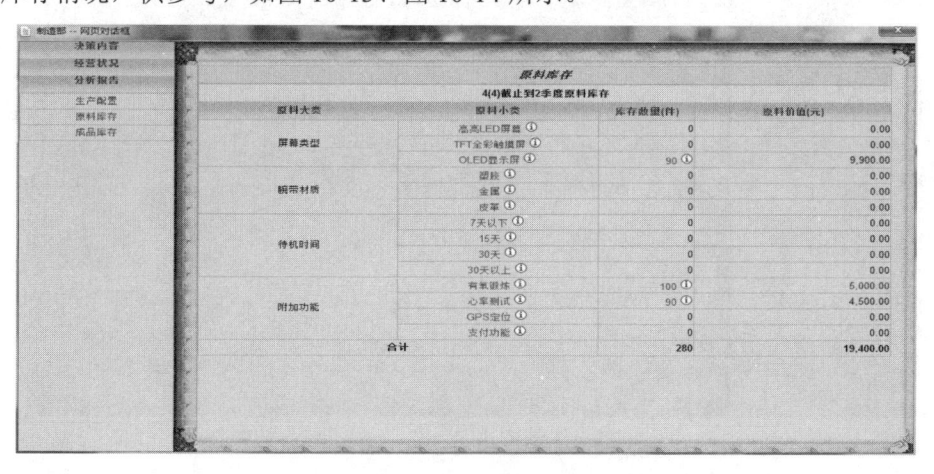

图 10-13 制造部原料库存情况

第 10 章 决策与数据分析 ▶ 115

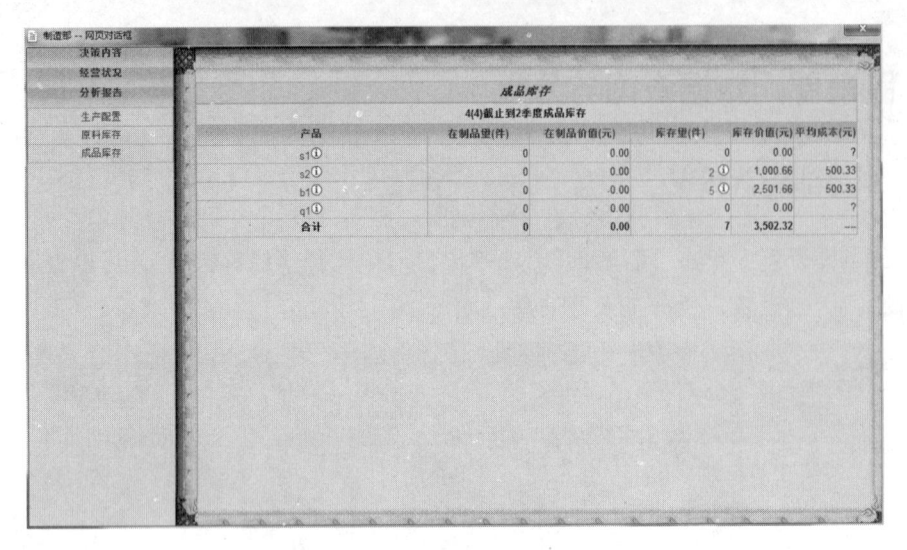

图 10-14　制造部成品库存情况

10.5　人力资源部门数据查询与分析

10.5.1　人力资源部经营状况

在"公司场景"中单击"人力资源部",在弹出窗口中选择"经营状况",可以查看人力资源部门的相关信息。这里仅列出人力资源部门管理人员和销售人员的经营状况,供参考,如图 10-15 和图 10-16 所示。

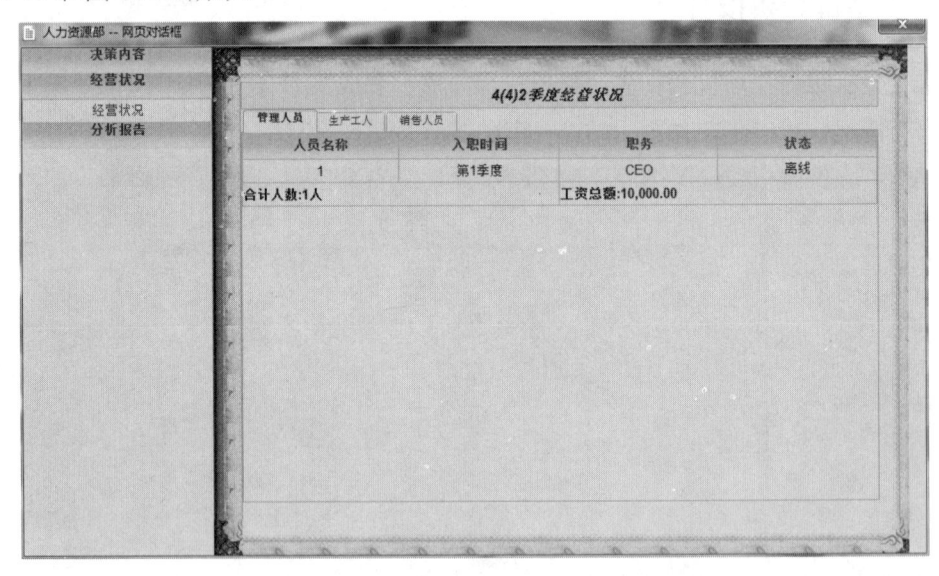

图 10-15　人力资源部管理人员经营状况

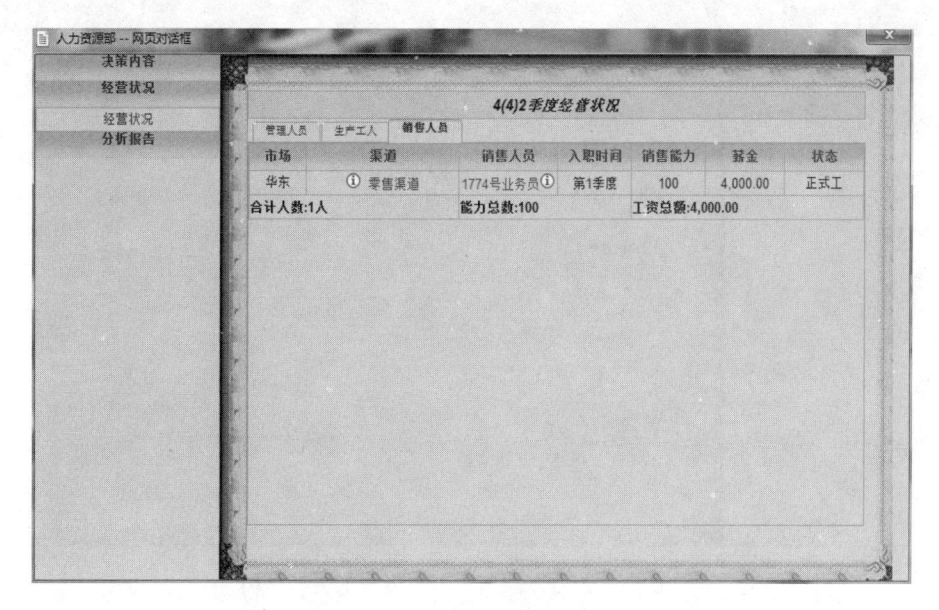

图 10-16　人力资源部销售人员经营状况

10.5.2　人力资源部分析报告

在"公司场景"中单击"人力资源部",在弹出窗口中选择"分析报告",可以查看人力资源部所有人员的分布情况,包括人员结构和人力成本情况。这里仅列出生产人员结构、全部人员结构和全部人力成本,供参考,如图 10-17、图 10-18、图 10-19 所示。

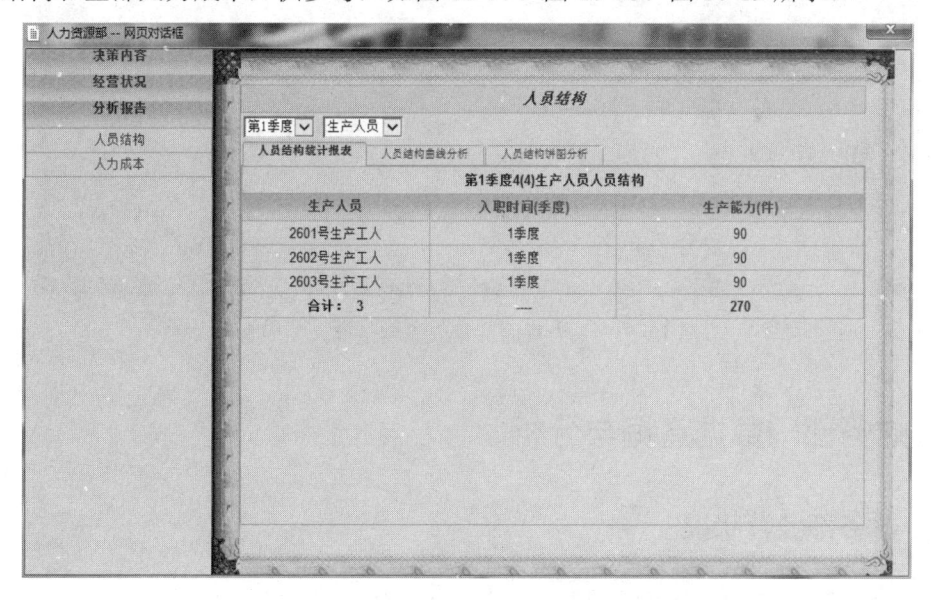

图 10-17　人力资源部第一季度生产人员结构

第 10 章　决策与数据分析　　117

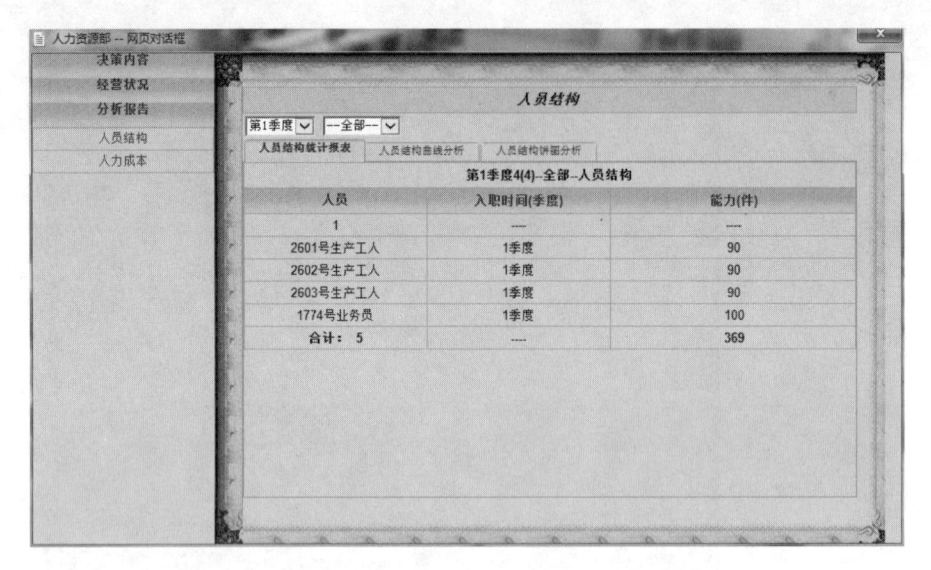

图 10-18　人力资源部第一季度全部人员结构

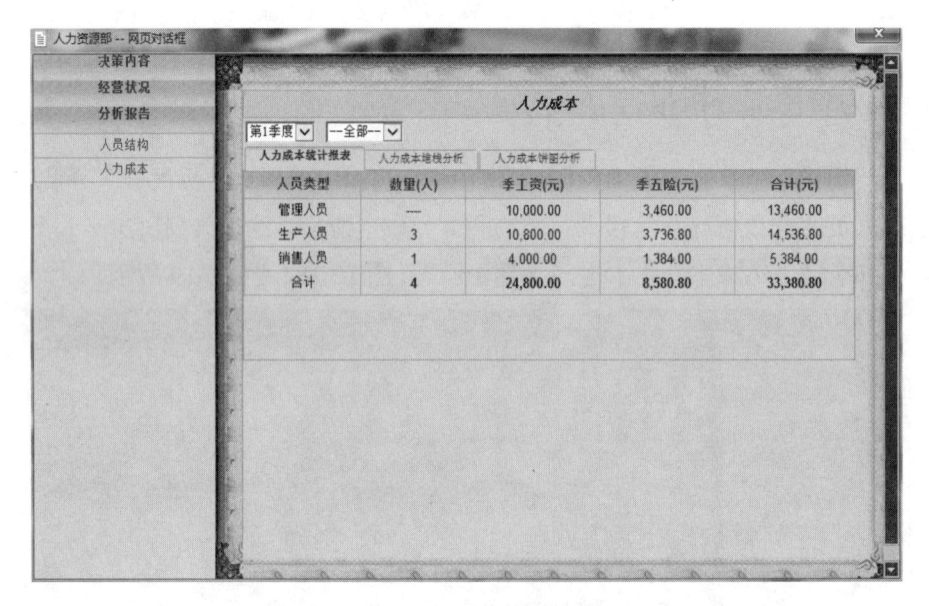

图 10-19　人力资源部第一季度全部人力成本

10.6　财务部门数据查询与分析

10.6.1　财务部经营状况

在"公司场景"中单击"财务部",在弹出窗口中选择"经营状况",可以查看财务部门相关信息,如基本费用、应收账款、应付账款、预付账款和银行借款数据。现以"基本费用"和"银行借款"为例,供参考,如图 10-20、图 10-21 所示。

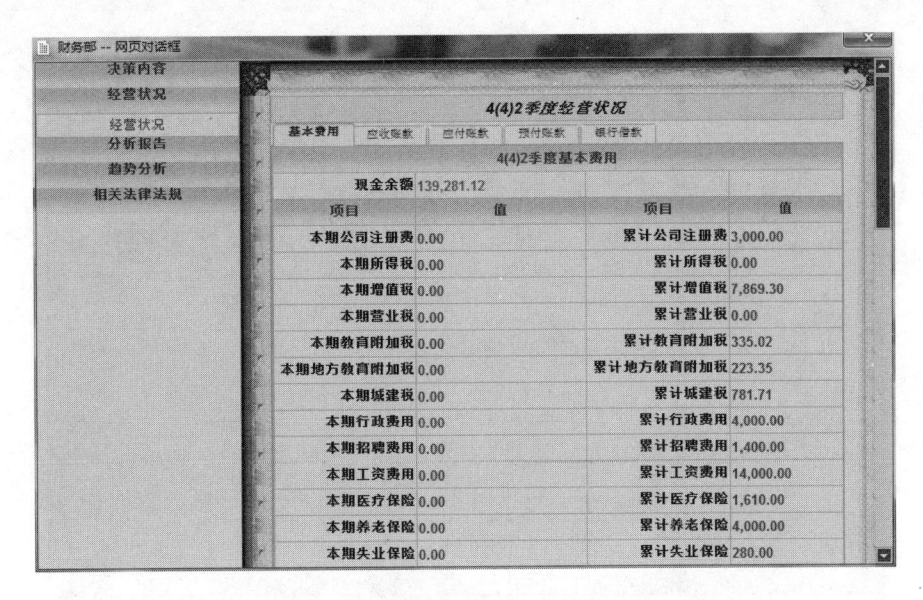

图 10-20 财务部基本费用经营状况

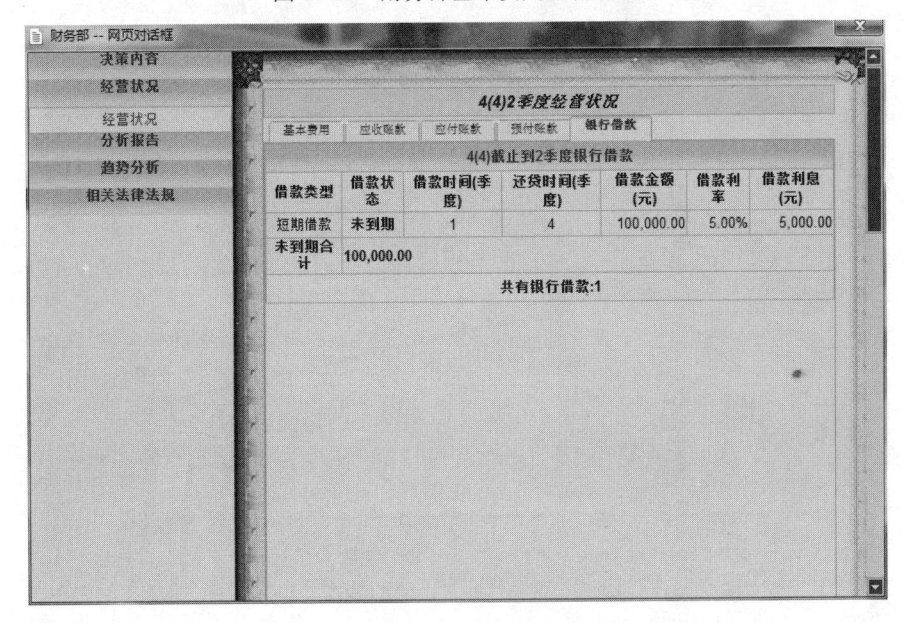

图 10-21 财务部银行借款经营状况

10.6.2 财务部分析报告

财务部分析报告包括财务报告、财务分析和杜邦分析，现以"财务分析"中的"季度指标"和"变化趋势"为例，供参考，如图 10-22、图 10-23 所示。

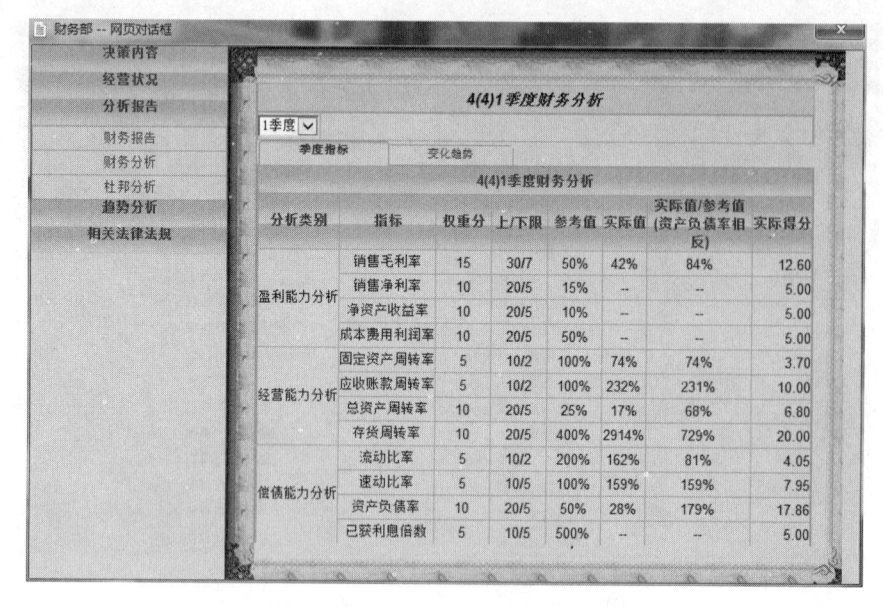

图 10-22　财务部第一季度财务分析（季度指标）

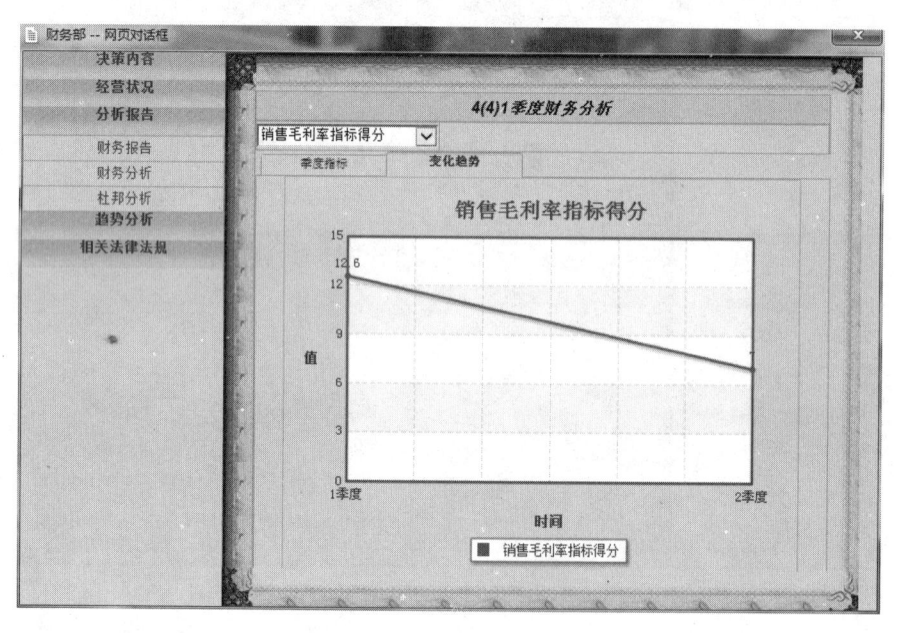

图 10-23　财务部第一季度销售毛利率指标得分（变化趋势）

10.7　管理报表查询与分析

10.7.1　现金流量表

在"公司场景"中单击"财务部"，在弹出窗口中选择"分析报告—财务报告"，在下拉按钮中选择"现金流量""1 季度"表，即可查看相关数据，第一季度现金流量表如图 10-24 所示。

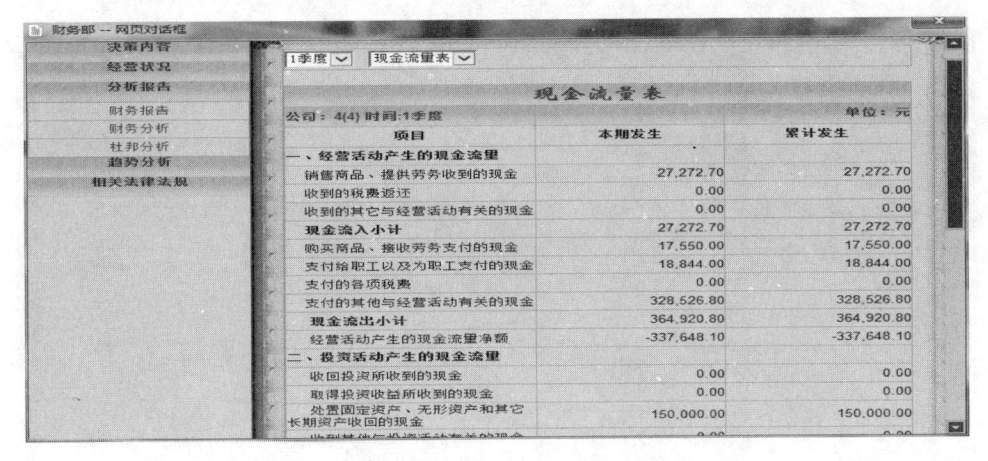

图 10-24　第一季度现金流量表

10.7.2　利润表

单击"财务报告",在下拉按钮中选择"利润表""1 季度"即可查看相关数据。第一季度利润表如图 10-25 所示。

图 10-25　第一季度利润表

10.7.3　资产负债表

单击"财务报告",在下拉按钮中选择"资产负债表""1 季度",即可查看相关数据。第一季度资产负债表如图 10-26 所示。

第 10 章　决策与数据分析

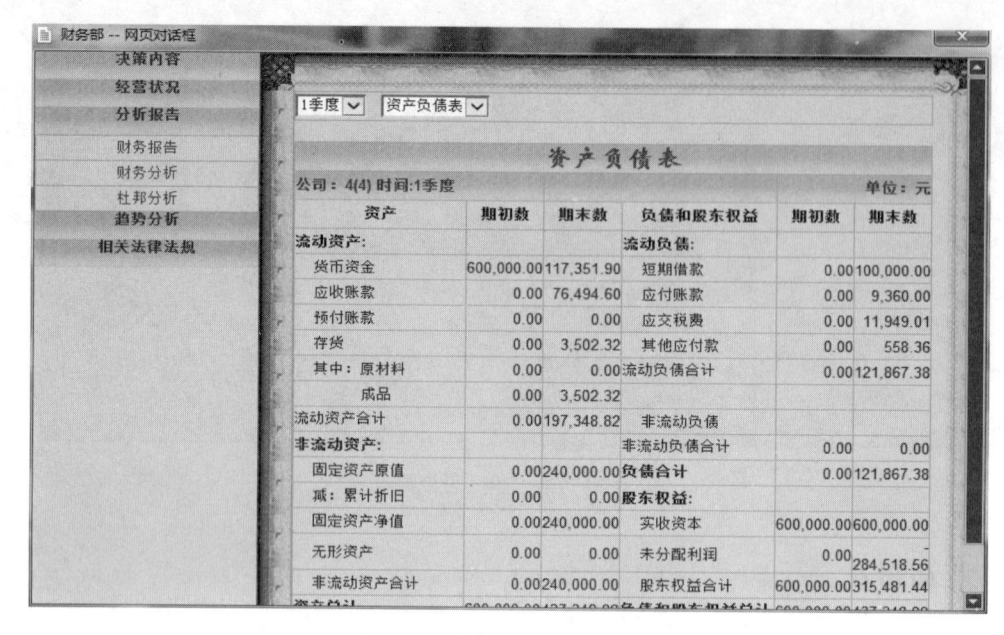

图 10-26　第一季度资产负债表

10.7.4　趋势分析

在"趋势分析"中可以查看利润表、资产负债表、现金流量表和财务指标等的分析情况。这里仅列出部分指标趋势分析情况，供参考，如图 10-27、图 10-28、图 10-29、图 10-30、图 10-31 所示。

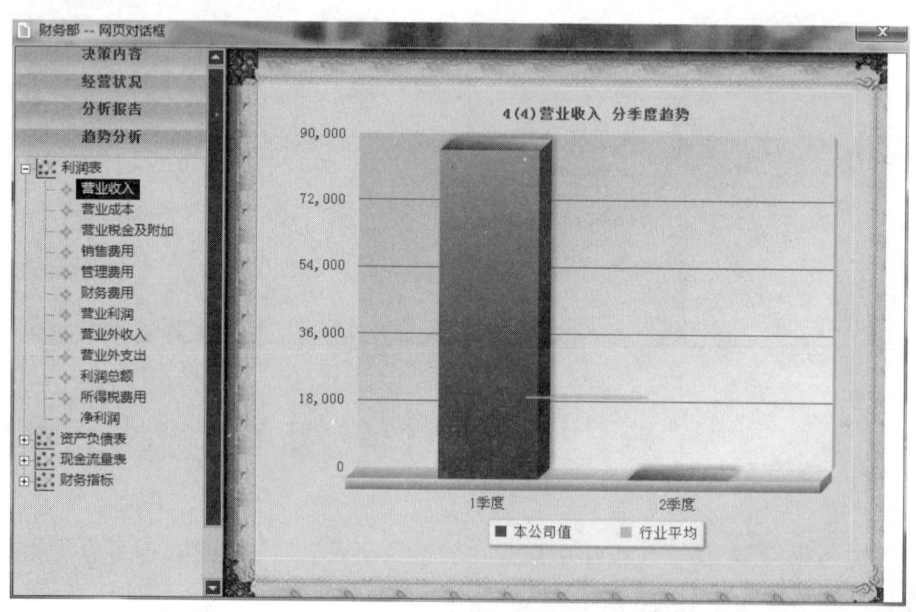

图 10-27　利润表中营业收入趋势分析

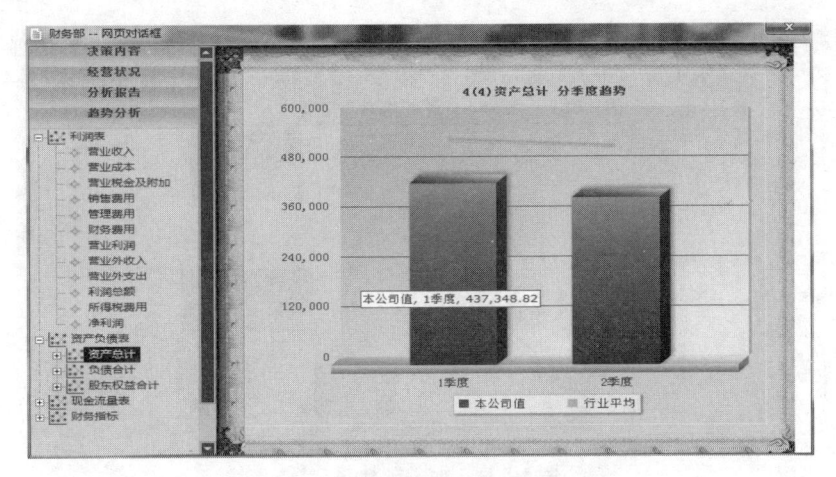

图 10-28　资产负债表中资产总计趋势分析

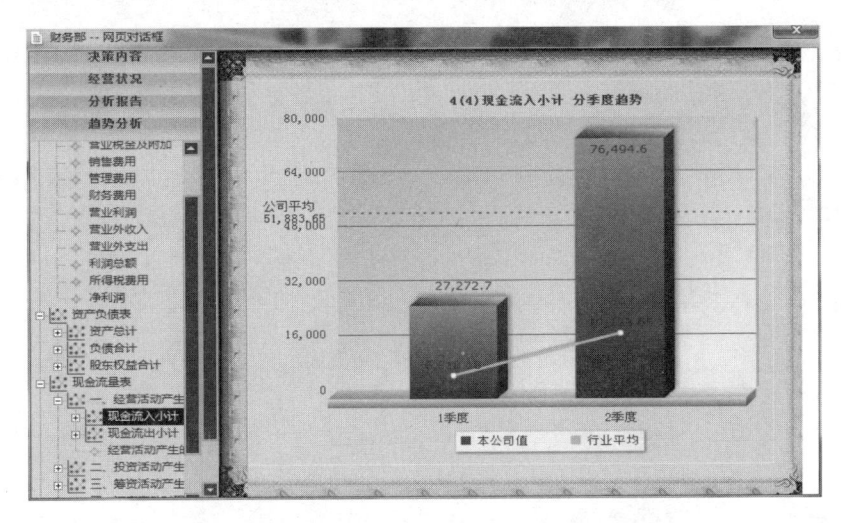

图 10-29　现金流量表中现金流入小计趋势分析

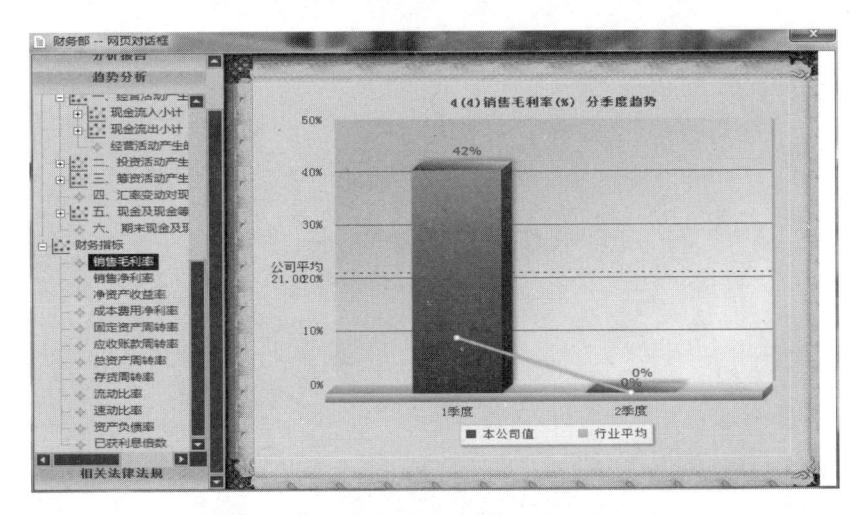

图 10-30　财务指标中销售毛利率趋势分析

第 10 章　决策与数据分析　▶　123

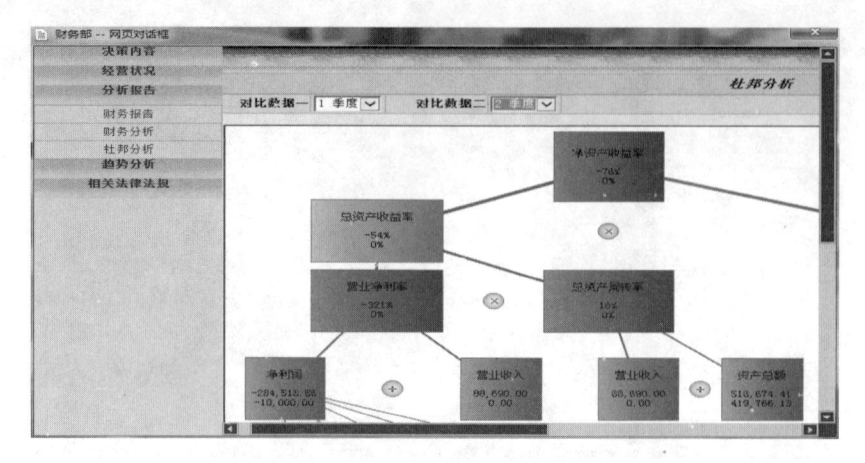

图 10-31 财务部杜邦分析